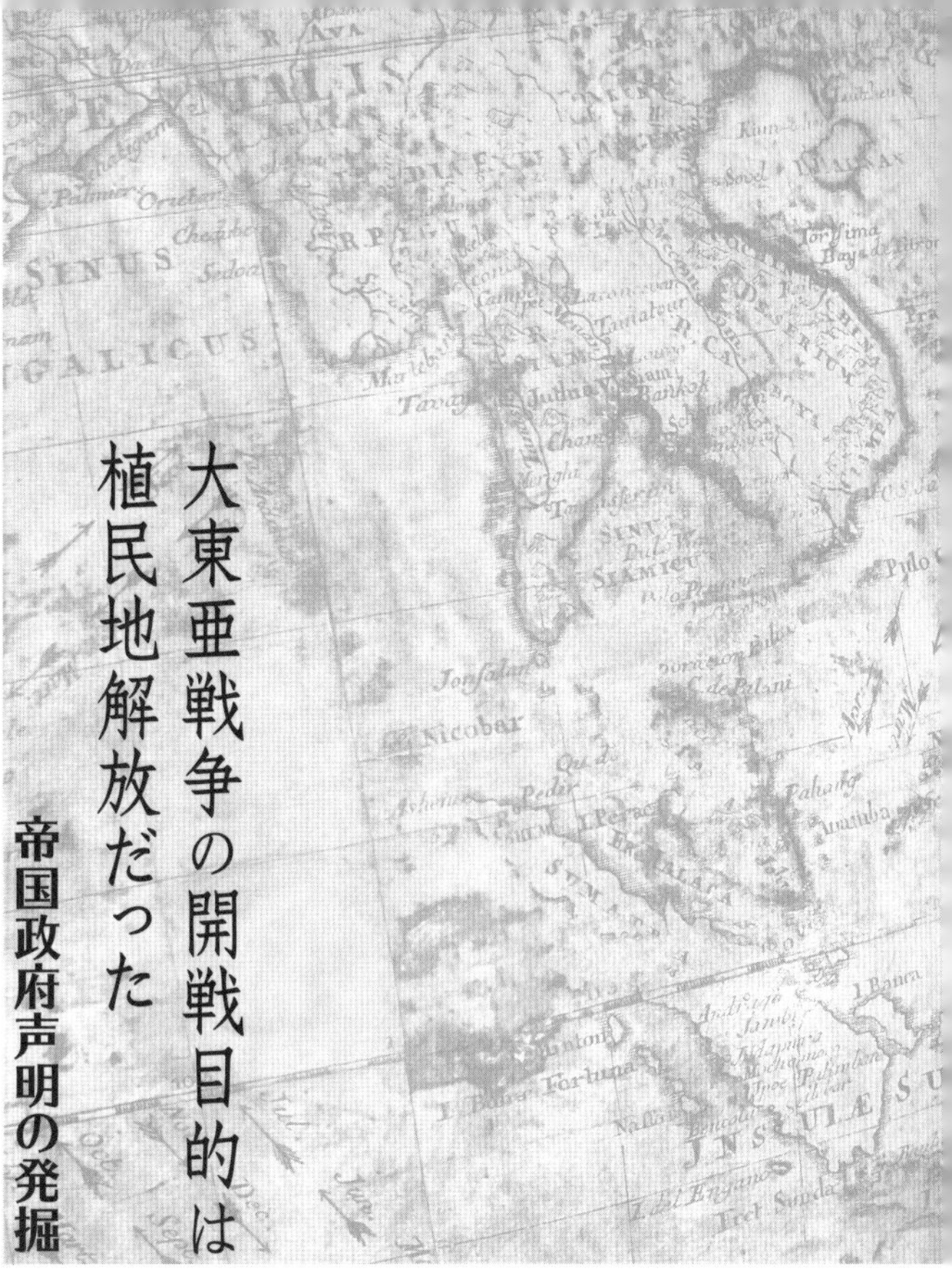

大東亜戦争の開戦目的は植民地解放だった

帝国政府声明の発掘

元米国陸軍研究員
安濃　豊

展転社

序論

昭和六十年(一九八五)、私(筆者)は米国陸軍工兵隊寒地理工学研究所(CRREL)に勤務した。当時の私は、いち雪氷科学者として米国での研究生活に骨を埋める覚悟であった。

学生時代に旧民社党系の学生運動(民社学同)に参加し、左翼への反感を抱きつつ、社会思想、政治思想、歴史、軍事知識を学び、その分野に興味を持ち、長けていたつもりであったが、北海道開発庁へ就職後、研究者の道へ進み、以後、政治や哲学に触れることは一生ないものと考えていた。

転機は台湾出身の老科学者との出会いであった。彼は日本人である私に、台湾人にとって日本統治時代が最良の時代であったこと、自分が科学者になれたのは大日本帝国政府が台北帝国大学への入学を許可してくれたからであると、当時の日本人に深く感謝していた。また、米国は白人のための国家であり、有色人種にとっては、大変住みづらい国であると語り、私に研究契約終了後帰国することを勧めていた。台湾という後進国を祖国に持つ自分は帰る場所などないが、日本という研究大国を祖国に持つ日本人がなぜ米国にこだわるのか理解できないと語っていた。

「大日本帝国はそんなに悪い国だったのか?」という疑問は、自分自身が職場で白人たちによる露骨な差別を目撃することにより更に肥大化していった。もしかしたら、この人種差別が戦争の原因ではなかったのか。ＣＲＲＥＬで目の当たりに見せつけられた白人優越主義はもう一度、あの戦争とは一体何であったのかについて再検証することを私に求めていた。

ひとつだけ確実な歴史的事実がある。それはあの戦争により、アジア・アフリカ各国は独立し、白人優越主義から解放されたことである。

すべての植民地を失った白人国家のどこが戦勝国なのか、日本を敗戦国とするなら、白人国家も敗戦国ではないのかという疑問が生ずる。少なくとも全植民地の喪失という状況証拠は米英仏蘭という白人帝国主義国家こそが敗戦国であるという事実を示唆している。

米軍との契約通り、安濃式吹雪風洞装置（ANNO'S WIND TUNNEL）を完成し、白人優越主義国家に別れを告げ昭和六十二年（一九八七）二月に帰国した。早速、米国が差別大国であり、黒人だけでなく、日本人も差別される国家であることを国民に知らせるべく、自身の体験談を小説としてまとめた。それが平成十八年（二〇〇六）に出版した拙著『戦勝国は日本だった』である。この本は旧植民地を失ったという状況証拠から敗戦国は白人国家であり、植民地を喪失せしめた大日本帝国は実質的戦勝国であるという評価に基づいて書かれている。

前作『戦勝国は日本だった』はあくまでも状況証拠により白人国家を敗戦国と規定しただけであったが、本書では直接証拠により旧白人連合国が敗戦国であることを明らかとする。その直接証拠とは昭和十六年十二月八日午後〇時二十分に発表された帝国政府声明である。この声明の後段に開戦目的が「アジア解放と大東亜共栄圏の確立」であることが明記されている。

その詳細については、平成二十四年八月三日にネット出版した『有色人種を解放した大日本帝国』に詳述した。侵略敗戦史観では、アジア解放など後づけであると一蹴されてきたが、開戦日にアジア解放宣言が出されていることとなると、アジア解放は先づけであり、後づけ論こそ後づけであったことになる。この直接証拠は大日本帝国がアジア解放という戦争目的を達成した戦争目的達成国であることを証明するし、大東亜戦争を侵略戦争と決めつけた東京裁判史観を覆し、更に東京裁判判決の受容を条件として締結されたサンフランシスコ平和条約の欺瞞性まで暴露することとなる。そして、「A級戦犯」として処刑された東條英機首相の名誉回復が必須であることも示唆する。

帝国政府声明の発掘による衝撃は何も過去の歴史評価の転換だけに止まらず、現況に於ける様々な外交・政治問題にも波及する。大日本帝国がアジア解放の英雄であるという事実は東京裁判を真っ向から否定するだけでなく、日本悪者史観に基づいて制定された現憲法の正当性についても否定することになる。

私は負け惜しみから恣意的に日本が実質的戦勝国であると詭弁を弄しているわけではない。科学者として、あくまで客観的に合理的に判断すれば、そのように結論づけられると主張しているだけである。

その昔、科学者であるガリレオは宗教裁判において天動説を肯定するよう強要され、表向きはそれに従いながらも「それでも地球は動いている」と言明し、科学的真理を放棄することはしなかった。私も科学者として科学的真理を放棄することは出来ない。アジアと世界の有色人種を解放したのは紛れもなく大日本帝国である。これが歴史科学の真理である。

植民地を解放すると宣言して開戦し、その目的を達成した国家が敗戦国であると糊塗され、植民地を全て喪失した国家が戦勝国であると糊塗されている戦後の歴史観は科学的合理性を持たない。このような捏ち上げ歴史観がまかり通っている限り、人類はその先へは進めない。勝者によって捏造された歴史観は是正されなくてはいけない。科学の世界では戦勝国によって科学法則がねじ曲げられることはない。歴史も同様にねじ曲げられてはいけないのである。

本書では大東亜戦争が白人植民地解放戦争であったことを科学的論理的に証明するものである。

目次

大東亜戦争の開戦目的は植民地解放だった

新歴史用語の創設と定義

本書執筆に当たって幾つかの困難に直面したが、その中で最も困窮したものが、歴史用語の不足である。具体的には、本書執筆に必要な適正なる歴史用語が存在しないことによる不便である。

従来、戦後史、昭和史は敗戦自虐史観によって語られてきた。それゆえ、本書のように「大東亜戦争はアジア解放戦争であった」と定義して原稿を書き進めると、適確なる用語が見あたらず、ある歴史事象を取り上げるたびに長々と解説しなくてはならないという問題に直面した。そこで、読者諸兄が本書を読み進めるに当たっても、同じ問題に直面することが予想されるゆえ、本章では著者が作成定義した新歴史用語を創作し使用した。以下にあらかじめ新創作歴史用語を解説しておく。

昭和超帝

昭和陛下のことを本書では超帝と呼称する。明治維新、日露戦争という有色人種解放の端緒を開いた明治陛下を大帝と呼ぶなら、世界から人種差別をなくし、核兵器を使えない兵器にした昭和陛下は超帝と呼ばれなくてはならない。

歴史維持力

我が国のように、国家として長い歴史を有するということは国力が長期に亘って維持されてきたことを意味するが、その国力を歴史維持力と呼ぶことにする。

数理歴史学

著者は数理歴史学という新たな学問領域を提唱する。この学問において、歴史事象は定量化され、数式によって統計的に表示される。それ故、科学と同じように研究者の主観や情緒、イデオロギーに左右されることはない。

安濃ダイアグラム

数理歴史学を裏づけるグラフである殖民地減少グラフとアジア解放相関関係グラフを安濃ダイアグラムと命名する。

逆経済封鎖

白人列強の側から見ると植民地の喪失は経済封鎖を受けるに等しいことを意味する。なぜなら米国を除く白人帝国主義国家はその経済の多くを植民地の経営に依存していたからである。殖民地喪失は我が国への経済封鎖よりも過酷である。なぜなら我が国へ与えられた経済封鎖など一時的に過ぎないが、植民地喪失は永久的経済封鎖となるからである。日本に対して行われた経済封鎖に対し、日本が対抗して行ったアジア独立策動を日本による欧米に対する逆経済封鎖と呼ぶ。

侵略敗戦史観

従来使用されてきた自虐史観、又は東京裁判史観を侵略敗戦史観と呼ぶことにする。日本軍はアジア侵略を企んだが、原爆を落とされ惨めに敗北したという歴史観である。

戦勝解放史観

日本軍の戦争目的は当初からアジアの解放独立であり、その戦争目的を達成した以上、戦勝国は日本であるとする歴史観である。

戦争目的達成国

個別の作戦に勝利しようがしまいが、戦争目的を達成した国家を戦争目的達成国と称する。

戦争目的喪失国

個別の作戦に勝利しようがしまいが、戦争目的を達成し得ず、喪失した国家を戦争目的喪失国と称する。

日本軍アジア独立支援年譜

日本軍がアジアを独立させるために実行した政策、作戦を取りまとめた年譜のことである。

大アジア解放戦争

日露戦争（明治三十七年〈一九〇四〉二月八日）からベトナム戦争終結（昭和五十年〈一九七五〉四月三十日）までの期間、極東、東南アジア全域において、白人帝国主義による植民地支配からアジアを解放するため約八十年間にわたって戦われた戦争をさす。

残留日本義勇兵

日本軍降伏後、復員を拒否して現地に残留した日本兵を残留日本兵と呼ぶが、その中には現地独立軍に参加した元日本兵もいれば、独立戦争には参加しなかった元日本兵も存在した。独立戦争に参加した日本兵を残留日本義勇兵と呼称し、参加しなかった元日本兵と区別する。

残留日本義勇兵独立支援期間

上記、日本軍アジア独立支援期間のうち、日本軍が停戦した昭和二十年（一九四五）八月十五日から残留日本義勇兵が活躍することにより北ベトナムが完全独立（昭和二十九年〈一九五四〉）を達成したまでの期間をさす。

アジア解放宣言

昭和十六年（一九四一）十二月八日午後〇時二十分発表の「開戦に当たっての帝国政府声明」のうち、戦争目的が「アジア解放」であることを表明した部分を示す。

アジア解放遂行意志

日本軍は開戦当初から一貫してアジア解放を目指し、それを実現したが、その確たる志を示す。

CRREL

米国陸軍工兵隊寒地理工学研究所、United States Army Corps of Engineers Cold Regions Research and Engineering Laboratory の略称、筆者が昭和六十年（一九八五）から同六十二年（一九八七）まで勤務した米軍研究施設、半世紀の歴史を有する世界屈指の寒冷地研究所である。

侵略者豹変論

戦後近現代史論壇が規定してきたように、アジア解放は結果論であって、植民地の横取りが大日本帝国の目論見であったとするなら、開戦時に大日本帝国政府はアジア解放の意図など微塵も持たなかったことにしなくてはならない。開戦時に開放意図などなかったのに戦争中に解放したとなると、その意味するところは、大日本帝国政府は東南アジアに侵攻した後、開戦直後に急遽アジア解放意図を捏ち上げたということである。侵略目的で押し入ったら、解放軍として迎えられたから、急遽「侵略者」から「解放者」に衣替えしたということである。この衣替えをここでは「侵略者豹変論」と名づけることにする。

第一章

数理歴史学を創設する

植民地減少グラフ

まずは読者諸兄に見ていただきたいグラフがある。

図1は第一次世界大戦末期の一九一七年以降における植民地数の増減を表している。欧米植民地数が減少するということは有色人種の独立国が増えることを意味する。

一九一七年、欧米列強は世界に六十八もの植民地を有していた。大東亜戦争開始前、すなわち一九一七年から一九四一年までの間、減少カーブは緩やかである。なぜならその二十四年にわたる期間で独立した有色人種の国はわずか六ヶ国に過ぎなかったからである。年間〇・二五ヶ国しか独立を達成していない。しかも独立とは言っても、第一次大戦後に英仏間で結ばれたサイクス・ピコ協定に従い、一旦は英仏の委任統治領とされてから独立して両国の保護国となったものがほとんどであり、真の独立とは言いがたい側面を持つ。この期間の独立国としては北イエメン（一九一七年）、アフガニスタン（一九一九年）、エジプト（一九二二年）、イラン（一九二五年）、サウジアラビア（一九三二年）、イラク（一九三二年）が含まれる。南アフリカは一九三四年に英国から独立しているが、オーストラリア、ニュージーランド、カナダと同様にドミニオンと呼ばれる白人国家であることから有色人種独立国家から除外した。

一九一七年から一九四一年までの年平均独立国家数は〇・二五にすぎなかったことをここで記憶されたい。

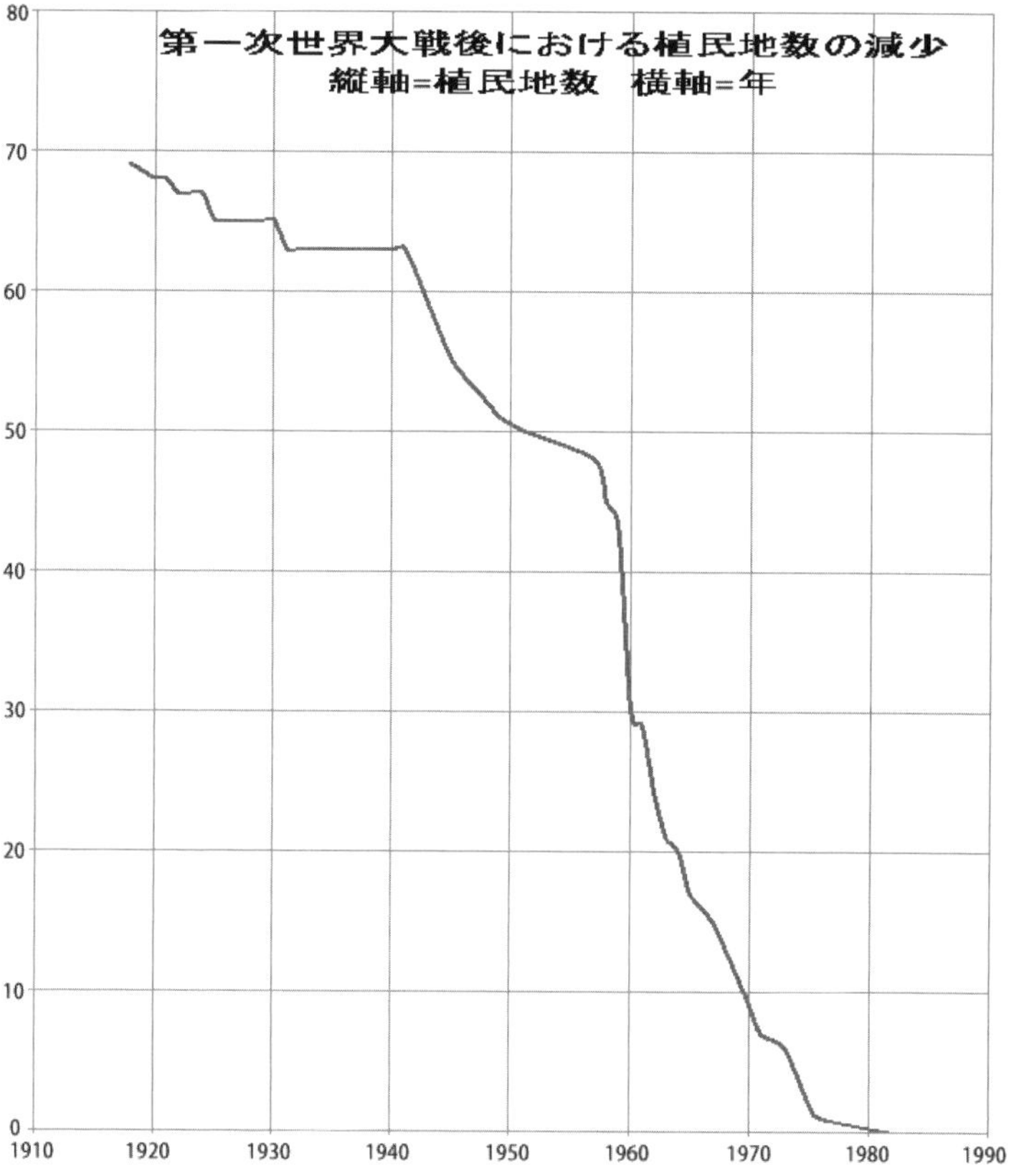

図１　第１次大戦後における欧米植民地数の減少

それでは次に大東亜戦争が開始された昭和十六年（一九四一）以降の有色人種独立状況、すなわち白人植民地の減少数について検討を加える。

大東亜戦争開始以降最初の独立国はビルマ国（現ミャンマー国）である。ミャンマーは第一次英緬戦争（英語版）（一八二四―二六年）、一八五二年の第二次英緬戦争、一八八五年十一月の第三次英緬戦争によって王朝が滅亡、一八八六年六月、英清ビルマ条約でイギリスの植民地とされていたが、昭和十七年五月末に日本軍とアウン・サンが主導するビルマ独立義勇軍によって英軍は放逐され、日本軍による軍政が敷かれた。翌年の昭和十八年八月一日、日本軍により軍政が解かれ、独立を宣言した。以後、日本軍が降伏する昭和二十年九月二日までにフィリピン、自由インド、カンボジア、ラオス、ベトナム、インドネシアが独立ないし独立宣言を果たす。独立の詳細については後述する。

日本軍によるアジア解放作戦が本格化する昭和十七年（一九四二）以降、昭和五十七年（一九八二）にブルネイが独立するまでの四十年間に六十二ヶ国が独立を果たし、同数の欧米植民地が減少した。年平均減少数は一・五五となり戦前の〇・二五に比べて六・二倍に増加している。

大東亜戦争開始前の年平均独立数に比較して開戦後の独立数は六・二倍に達しているわけだが、その境界点が昭和十七―十八年（一九四二―四三）にあることは図1のグラフから明らかとなる。

境界点が開戦直後に存在し、終戦後ではないという現実はアジア植民地の解放が「後づけ」ではなく「先づけ」であったことを示唆している。なぜなら解放独立の準備無くしてこのように速やかな行動を取れるはずはないからである。図1に示した植民地解放グラフは大日本帝国による植民地解放は結果論ではなく開戦前から企画されたものであることを示している。

アジア解放相関係数グラフ

図2は大東亜戦争開戦中の昭和十六年十二月八日からインドネシアが独立宣言をする昭和二十年八月十七日へ至る間の東南アジア地域における独立国数の推移を示すグラフである。横軸に日本軍駐留月数、縦軸に独立国数を示す。図中にある国名はその国が独立、ないし独立宣言をした日時を表している。図内では各国の独立順に1から8まで番号を割り振った。各番号が示す国家名と独立日時は次の通りとなる。

1　タイ王国（日本軍進駐前から独立国であった）
2　ビルマ国（現ミャンマー）昭和十八年八月一日、英国より独立、首班はバー・モウ
3　フィリピン第二共和国　昭和十八年十月十四日、米国より独立、首班はホセ・ラウレ

ル

4　自由インド仮政府　昭和十八年十月二十一日、英国より独立、首班はチャンドラ・ボース

5　ベトナム帝国　昭和二十年三月九日、フランスより独立、首班はバオ・ダイ

6　カンボジア王国　昭和二十年三月十二日、フランスより独立、首班はノロドム・シアヌーク

7　ラオス王国　昭和二十年四月八日、フランスより独立、首班はシーサワーン・ウオン

8　インドネシア共和国、昭和二十年八月十七日、オランダからの独立を宣言、首班はスカルノ

我々科学者がよく使用する変数に相関係数がある。これはAという事象とBという事象がどの程度の関連性を持って発生するかという、その相関性を表す係数である。Aの数値が増大すれば、Bの数値も増大する、または減少する時、両者のあいだに相関性が見られるという。相関の有無は、二つのデータ群を散布図とすることにより見当をつけることができる。客観的に判定するには二つのデータ群の相関係数をもとめて判断する。相関係数はマイナス一からプラス一の間の数値をとり、マイナス一、プラス一の時は完全相関（順に逆相関、正相関）といい、二つのデータ群に強い関連性が存在することと示し、一方、ゼロの時は無相関とい

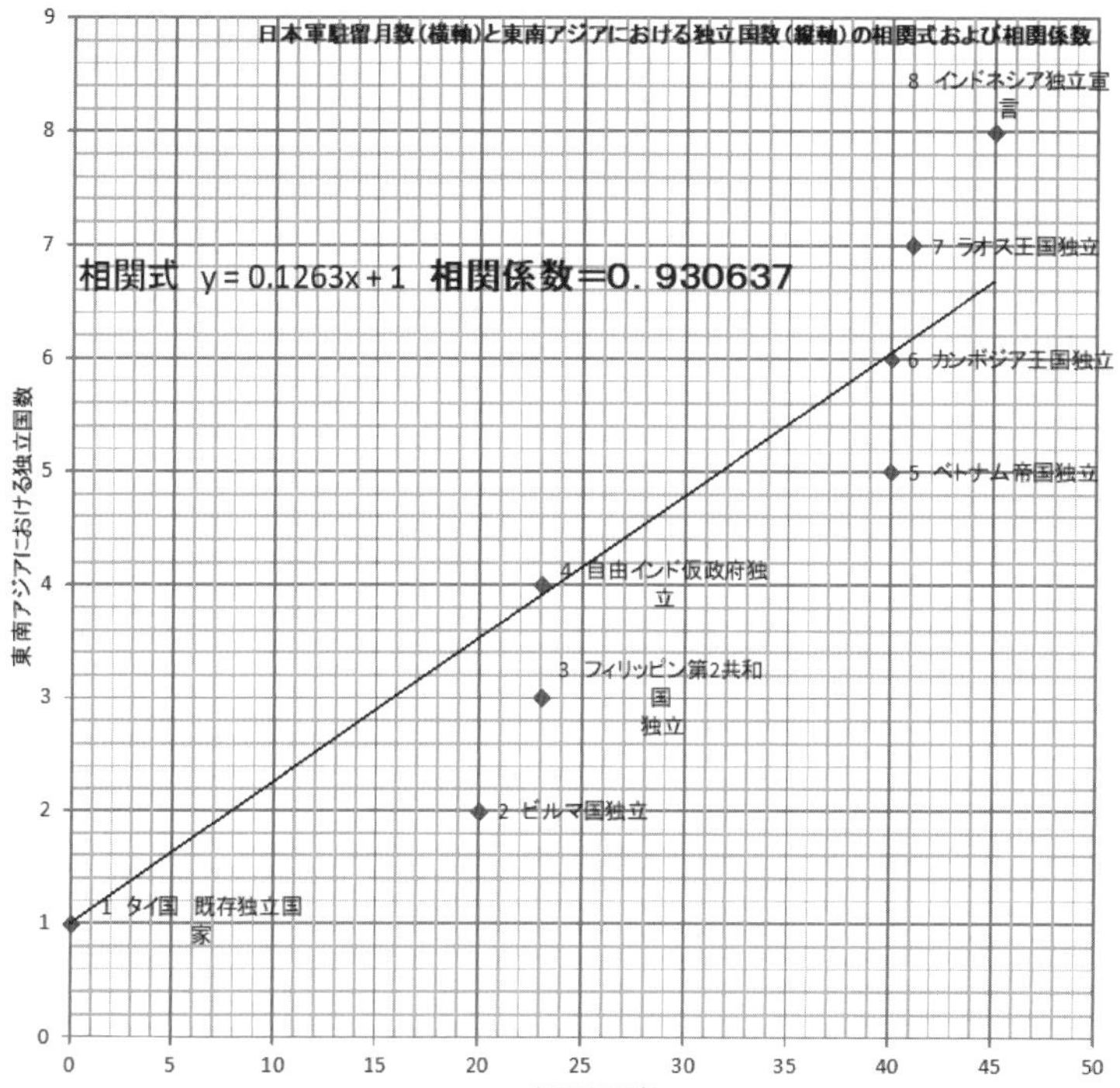

図２　日本軍駐留月数（横軸）と東南アジアにおける独立国数（縦軸）の相関式および相関係数

い、二つのデータ群に関連性がないと判断する。

さてこの相関係数を大東亜戦争という歴史事象に当てはめてみよう。上記でいうA（縦軸）というデータ群を散布図の独立国家の数とし、B（横軸）については開戦から各国を独立させるまでに要した日本軍の駐留月数とする。

昭和十八年から昭和二十年にかけて独立国家数は直線、すなわち比例関係で伸びており、日本軍はアジア占領後、堅実に独立実現に邁進していたことが見て取れる。

相関係数を計算してみるとその値は〇・九三〇六三七となり、科学の世界では極めて高いと評価される相関を示している。散布図から回帰式を求めると次の通りとなる。

Y ＝ 0.1263X+1

このデータ解析により、アジア独立とは日本軍進攻なしでは実現しなかったという事実が科学的に明らかとなる。

もしも、戦後東京裁判において断罪されたように、日本軍が侵略軍であり、欧米植民地を横取りするために東南アジア地域へ侵攻したのであれば、独立国家が正比例して増加することはありえず、逆に減少するはずである。日本軍が侵略軍であったなら、唯一の独立国家であったタイ王国すら日本軍によって植民地化されたことであろう。しかし、現実は正反対であった。日本軍はアジア解放軍であり、独立支援軍として戦ったことが図2により科学的に証明された。

ここで示された二葉のグラフを以降「アジア解放グラフ（安濃ダイアグラム）」と呼称する。

日本軍を侵略軍とすれば現地独立義勇軍も侵略軍となる

詳細については後述するが、東南アジアへ進攻した日本軍は直ちに現地人による軍事組織の編成に取りかかった。昭和十七年（一九四二）六月二十九日、帝国陸軍省は南方軍に対し、東南アジア住民の武装化を指示した（大陸指一一九六号）。その結果、東南アジア在住のインド人らによるインド国民軍、アウン・サンらビルマの民族主義者らによるビルマ国民軍が設立された。インドネシア郷土防衛義勇軍（ＰＥＴＡ）の結成は遅れて昭和十八年（一九四三）十月三日となった。フィリピンでは比島愛国同志会（ＭＡＫＡＰＩＬＩ）が明治三十二年（一八九九）に対米独立戦争が発生したときの英雄であるアルテミオ・リカルテを幹部として昭和十九年（一九四四）十二月に結成された。

大日本帝国陸海軍が侵略軍であったとすれば、その侵略軍が保護育成した軍事組織も侵略軍の一部となる。ということは、旧大日本帝国陸海軍が欧米宗主国からの独立のため育成して、実際に戦中から大日本帝国陸海軍と共に白人と戦った以下の現地軍、

チャンドラ・ボース麾下のインド国民軍
スカルノ、ハッタらのインドネシア郷土防衛義勇軍（PETA）
アウン・サンらのビルマ国民軍（ビルマ独立義勇軍から改編）
ホーチミン指揮下のベトミン軍
アルテミオ・リカルテ指揮下の比島愛国同志会
など、これらの現地軍事組織も旧大日本帝国陸海軍という侵略軍の一部であったことになる。

式で表すと

現地独立軍　＝　大日本帝国陸海軍　＝　侵略軍　——（1）

ということになる。

なんと

現地独立軍　＝　侵略軍　——（2）

という、あり得ない事になってしまう。

独立とは侵略から解放される事である。独立を認めては侵略は成り立たない。

（2）式は、明らかに相反する概念が同じものであるというわけであるから科学的に誤った式である。すなわち次式と同類である。

無敵の矛《ほこ》　＝　無敵の盾《たて》　——（3）

（3）式を矛盾と呼ぶ。
矛盾が発生した原因は何処にあるのであろうか。

原因は（1）式の後半部分である。

旧大日本帝国陸海軍　＝　侵略軍　――（4）

旧大日本帝国陸海軍を侵略軍としたから矛盾が生じたのである。（1）式が次に表す式であれば矛盾は発生しない。

旧大日本帝国陸海軍　＝　独立軍　――（5）
（4）式を（1）式の後半に組み込む。
現地独立軍　＝　旧大日本帝国陸海軍　＝　独立軍　――（6）
（6）式が科学的事実である。
現地日本軍が陸軍省からの通達（大陸指1196号）に基づき、現地に編成した民族軍は独自の指揮系統を有する現地軍であり、日本軍の傀儡ではない。

数理歴史学を創設する

著者はいわゆる昭和史、戦後史などもとより存在しなかったと考えている。存在したのは学問としての歴史ではなく、歴史研究家がそれぞれ何の根拠もなく好き勝手にでっち上げた歴史観の羅列である。

著者たち科学者に言わせると従来の歴史学など学問としての体を成していないのである。個々の自称「歴史研究家」が情緒的主観を羅列したものが昭和史として君臨してきたのである。

学問とは厳密なる資料、文献、自然法則、観測結果、実験結果に基づいて類推、分析され、結論づけられる物である。ところが、我が国の昭和史は自称歴史学者が、日本共産党史観を正当化するために、勝手にでっち上げた歴史観であり、何ら科学事象的根拠を持たない。こんな物は学問ではないと我々科学者は考える。

物理学の世界では実験結果による証明を得るまでは、物理理論は仮説として扱われる。例を挙げれば、ノーベル物理学賞を取ったヒックス粒子などはその典型である。ヒックス博士がヒックス粒子の存在を予言してから、その存在が実験的に確認されるまで数十年を必要とした。実験的に確認されなくてはノーベル賞は貰えないのである。ましてや、戦後我が国の歴史学者が行ってきた共産党史観を正当化するための歴史捏造を学問と呼ぶことは無理である。いわゆる既存の〝昭和史〟とは日本共産党系学者と保守系歴史学者同士の言い争いであって、学問ではない。いずれも客観的史実の解析を度外視した、主観の羅列に過ぎないからである。

なぜこのような主観と偏見、好き嫌いが歴史という学問の世界でまかり通るのであろうか。

我々科学者の世界では考えられないことである。そこで、〝情緒主観文学歴史学〟の発生を抑える手法を提案しようと思う。

著者は数理歴史学という新たな学問領域を提唱する。この学問において、歴史事象は定量化され数式によって統計的に表示される。それ故、科学と同じように研究者の主観や情緒、イデオロギーに左右されることはない。本章で取り上げた二葉のグラフ（安濃ダイアグラム）と相関式が数理歴史学である。歴史学が定量化され統計化されることにより歴史は勝者により作られるというような学問とは対極に位置する偽造行為は防止されるはずである。

本書では数理歴史学の概念を基礎に大東亜戦争について論理的科学的に解析していく。

数値化が必要とされるその他の項目

以下の変数が大東亜戦争を今後数理的に解析する要素として挙げられる。

1）日本軍戦死者数の推移と独立国数の関係

開戦初期からの日本軍の損耗と独立国家数の増加に連関が見られるなら、日本軍の犠牲のもとアジアの独立は達成された証左となり得る。

2）占領地域内における損耗率と最前線における損耗率の比較

もしも日本軍が現地住民から大きな反発を買っていたのであれば、占領地域におけるゲリラ攻撃により多くの戦死者を出していたはずである。その戦死者数を最前線の戦い、すなわち連合国との戦闘による戦死者数と比較すれば、日本軍が現地住民から解放軍として歓迎されていたか否かの判断材料とすることが出来る。戦後ゲリラ戦として発生したインドシナ戦争、ベトナム戦争、インドネシア独立戦争における仏米蘭が被ったような被害を占領日本軍も受けていたなら日本軍も侵略軍であったという仮説は成立するであろうが、概観を述べればフイリピンでは多少の小競り合いはあったものの、その他地域では華僑との衝突はあったものの現地人との戦闘はほとんど皆無であった。いずれにしても占領地内における日本軍政下での日本兵の死傷者数と占領地外縁部における死傷者の比較が必要である。

反論は数式にて行うべきである

著者が提案する数理歴史学に対して様々な反論が既存歴史学者から寄せられることは想像に難くない。「歴史とは数式で語れるほど単純な物ではない」とか「歴史は人間が作り上げる以上、科学には馴染まない」とかの反論はすでに著者にも届けられている。これらの反論者たちは数理歴史学が提唱されている意味を理解していないようだ。

数理歴史学においてはすべての反論は数式において行われなくてはならない。上記二葉のグラフと相関式に異を唱えるなら、それらの反論は数理的データを伴わなくてはならないということである。日本軍によるアジア植民地の解放は事実と異なると主張するなら、独立国家数が減少し、欧米植民地数は減少していないというグラフを提示し、ゼロの相関係数とその相関式を掲示しなくては反論にはならない。過去のそれのように情緒的文学的反論など数理歴史学においては何の意味もなさない。情緒的歴史論など主張者の趣味や遊戯遊興の世界の賜物であり、俳句の会の芸術性論議と何ら変わらない戯言に過ぎないのである。

第二章

帝国政府声明に明記されたアジア解放

侵略者豹変論

第一章ではアジアにおける欧米植民地の解放は日本軍の進出によるものであることを数理的に検証した。これによりアジアの解放は大東亜戦争の結果論ではないことが明らかとなった。なぜなら大日本帝国は開戦中に東南アジア六ヶ国を独立承認し、一ヶ国に独立宣言を行わしていたからである。これらのアジア諸国が戦後になってから独自に独立を達成したのなら結果論は成り立つが、戦中に日本軍政下で独立したとなると結果論は破綻する。

戦後近現代史論壇が規定してきたように、アジア解放は結果論であって、植民地の横取りが大日本帝国の目論見であったとするなら、開戦時に大日本帝国政府はアジア解放の意図など微塵も持たなかったことにしなくてはならない。開戦時に解放意図などなかったのに戦争中に解放したとなると、その意味するところは、大日本帝国政府は東南アジアに侵攻した後、開戦直後に急遽アジア解放意図を捏ち上げたということである。侵略目的で押し入ったら、解放軍として迎えられたから、急遽「侵略者」から「解放者」に衣替えしたということである。この衣替えをここでは「侵略者豹変論」と名づけることにする。

もしも解放意図を示唆する言動などが全くなくして開戦に至ったのであれば「侵略者豹変論」は肯定されるであろう。しかし、アジア解放を宣する明白なる文書が開戦日である昭和十六年十二月八日以前に発せられていたなら「侵略者豹変論」は破綻する。

帝国政府声明を見る

資料1は大東亜戦争開戦日、昭和十六年十二月八日発行（発行日付は十二月九日）の朝日新聞夕刊第一面である。マレー上陸作戦、真珠湾攻撃が敢行され、大日本帝国が米英へ宣戦を布告したことを伝える当日の朝日新聞夕刊である。

日本人の多くは十二月八日は記憶に残していても、当日の新聞紙面を読み起こす人は極めて少ないであろう。歴史を再検証するとき、新聞は貴重な資料と成る。それでは開戦当日の新聞を読み直してみよう。

まず一番目立つのは、上段中央に位置する昭和超帝の「開戦に当たっての詔書」である。

我が国の言論人、歴史家、評論家などの知識人は

朝日新聞
夕刊
帝國・米英に宣戰を布告す
西太平洋に戰鬪開始
布哇米艦隊航空兵力を痛爆
宣戰の大詔渙發さる
我海鷲 ハワイ爆撃
ホノルル沖で海戰展開
臨時議會を召集
米輸送船に魚雷
比島、グアム島を空襲
シンガポールも攻撃
マレー半島に奇襲上陸
香港攻撃を開始す
樞府本會議開く
侵入英軍を撃攘
帝國政府聲明

資料1　開戦当日の新聞
マレー上陸作戦、真珠湾攻撃が敢行され、大日本帝国が米英へ宣戦を布告したことを伝える当日の朝日新聞夕刊である。

その論文、著書で開戦を取り上げるたびこの詔書を取り上げてきた。その内容とは、米英による帝国への横暴を排除し、自存自衛を確保するため、開戦の止む無きに至った経緯を説明し、南方へ出征する兵士を激励すると同時に、内地に残る国民へ銃後の守りを固めるよう訓示したものである。残念ながら、なぜ東南アジアへの進出が必要なのかについてのご説明は書かれていない。この詔書は陛下のご本心を吐露されたものとして、当然のごとく重視され、開戦当日における帝国の意志発露はこの詔書のみであったかのような錯覚を識者へ与えてしまったのか、戦後、大日本帝国の開戦意図を開陳する唯一の文書として多く紹介されてきた。しかし、アジア進攻理由が書き込まれていないため、日本共産党はその自存自衛とはアジア侵略を正当化するための「自存自衛」であったとして悪用した。

紙面の最後段に目を遣ると、「帝国政府声明」(資料2)というものが記載されている。ここに、アジア解放宣言が書き込まれていたのである。詳細については後述する。

著者がこの〝帝国政府声明〟に遭遇したその経緯について語ろう。

著者は自分が経営するコミュニティーラジオ局で、社会時評を語る番組を持っている。毎日一、二時間ほど、その時々の政治案件や、歴史、経済、科学技術に関することを語るのだが、その番組の中に昔の新聞を紹介するコーナーを持っていた。

そのコーナーに、リスナーから終戦後初めての正月、すなわち昭和二十一年の元旦はどんな様子だったのか当時の新聞を紹介して欲しいとの要望が寄せられた。そこで著者はスタッ

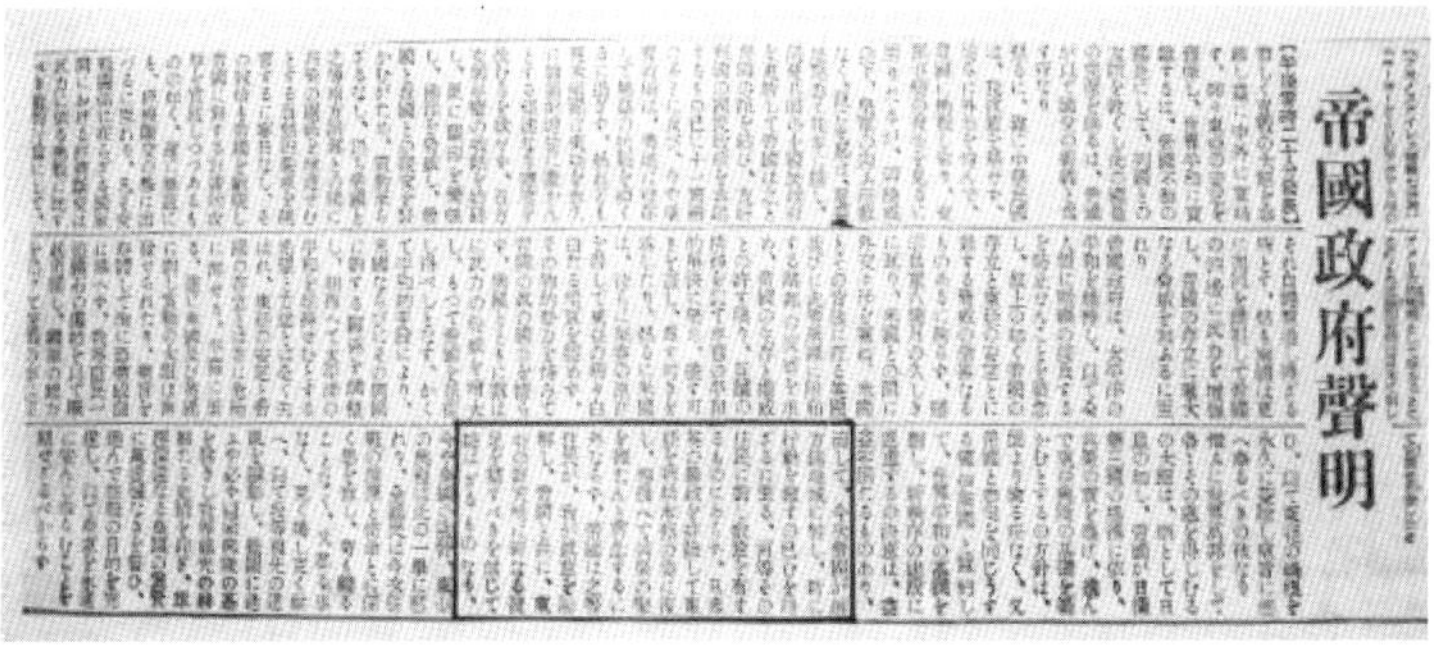
帝國政府聲明

資料２　帝国政府声明

フに市立図書館から当時の新聞をマイクロフィルムからコピーし持ち帰るよう依頼したのだが、その時ついでに開戦日の新聞も手に入れようと考え、昭和十六年十二月八日（日付は十二月九日）の新聞もコピーするよう命じた。そして、上記の帝国政府声明に出会ったのである。

　著者の第一印象は「やはり声明文を出していたのか」という程度であり、当初はさほど重要視はしなかった。なぜなら、重要視するほどの価値ある〝帝国政府声明〟であれば、陛下の詔書と同様、論文等で多用されて来たはずだからである。重視されてこなかったということは書かれている内容がさほどの内容ではないか、または陛下の詔書と内容が重複するためであると考えたからである。

　たとえ期待度は低くても、番組ではその内容を紹介しなくては成らないから、一応番組開始前に内容を把握しようと読み始めた。前半は対支対米英交渉が不調であり、米英からの軍事的脅迫を受け、経済封鎖という戦争行為に等しい抑圧を受けてきたことが書かれていた。そして、中段から行き成り、次の文章が飛び出してきた。

「而して、今次帝国が南方諸地域に対し、新たに行動を起こすのやむを得ざるに至る、なんらその住民に対し敵意を有するものにあらず、只米英の暴政を排除して、東亜を明朗本然の姿に復し、相携えて共栄の楽を分かたんと祈念するに外ならず。帝国は之ら住民が我が真意を諒解し、帝国と共に、東亜の新天地に新たなる発足を期すべきを信じて疑わざるものなり」

解りやすく書き直すと次のようになる。

「そのため、今回帝国は東南アジア地域に武力進攻せざるを得なくなったが、それは決して東南アジア住民に対して敵意を持つからではない。ただ、米英から東南アジア住民に対し加えられてきた暴政を排除し、東南アジアを白人によって植民地化される前の、明白なる本来在るべき姿へ戻し、ともに協力して繁栄することを願うからである。大日本帝国は東南アジアの住民たちがこの戦争目的を了解し、東亜に新たなる政治経済体制の構築を目差し共に行動することを疑わない」

平たく言えば、「アジアを白人植民地から解放して、白人が支配する前の状態に戻す。即ち独立国家とする」と言っているわけである。

ここで、注目すべきはこの〝アジア解放宣言〟において東南アジアの人々を「住民」と表し「国民」とは呼称していないことである。その理由は明白で、当時東南アジアにタイ王国国民以外に「国民」など存在しなかったからである。タイ王国以外の現地住民は「植民地の住民」だったのである。

青天の霹靂とはこのことであろうか。開戦にあたって、アジア解放目的を記した文献は存在しないと、学生運動時代から思い込んできた著者にとって、まるで狐に欺されているかのような感覚であった。なぜなら、学生時代に読んだ保守系雑誌で、ある保守論客が「もしも開戦の詔書に「東亜解放が目的である」と明記されていたならば、戦後の日本人はここまで自虐、敗戦、懺悔の念を抱き、自らを蔑むこともなかったであろう」と語っていたことを覚えていたからである。「なんだ、あったじゃないか」と心の中で叫んだ。

早速著者は、この帝国政府声明について詳細を知りたくなり、ネットで検索した。恐らく、大東亜戦争開戦に当たっての声明文であるから、過去に多くの研究者により引用され、知らなかったのは自分だけだったのかも知れないと考えたからである。しかし、驚いたことに、検索して出てくるのは、シベリア出兵、上海事変など大東亜戦争開戦に較べれば些細な事件ばかりに関する帝国政府声明ばかりであった。

現在、〝昭和十六年十二月八日、帝国政府声明〟で検索すると、大量の関連情報が検出されるが、それらのすべては平成二十一年十二月二十四日から投稿を開始した著者のブログと他者による著者のブログの引用結果である。少なくとも著者が発掘した平成二十一年（二〇〇九）初頭の段階では一つも検索されなかった。

この事実から明らかになったこと、それは戦後、日本の研究者、メディアは〝開戦に当たっての帝国政府声明〟の存在に気づかなかった、または、気づいていても意図的に引用を避けて来たという事実である。

上記原文記事を著者が読み下し文に変換してみる。

【帝国政府声明　午後　零時二十分發表】
恭しくも陛下より米英に対する宣戦の大詔が発せられたので、大日本帝国政府は国の内外に対し次の政府声明を発表する。東亜の安定を確保し、世界平和に貢献するのは、大日本帝国の不動の国是であり、それを実現するため大日本帝国は列国との友好を最優先してきた。しかしながら、蔣介石国民党政府は、いたずらに外国勢力と徒党を組んで、我が国に敵対し、その結果、支那事変の発生を見た。しかしながら、蔣介石の反発にも拘わらず、陛下の御威光により、大日本帝国陸海軍の向かうところに敵は無く、支那の重要拠点は、ことごとく大日本帝国陸海軍の占拠するところとなり、大日本帝国と志しをおなじくする人々により、南京に国民政府が樹立され、その支那国民政府と大日本帝国は、現在友好関係にあるのみならず、十一ヶ国もの諸国が支那国民政府を支那に於ける正当政府として承認している。そして、これに敵対する蒋介石の重慶政権は、支那の奥地で無駄な抵抗を続けるのみとなってしまった。

こうしてようやく支那に平和が戻ろうとしている情況が出来つつあるのに、米英両国は東亜を永久に隷属的地位に置こうとする頑迷な態度を改めていない。それどころか、米英両国は奸計を労して支那事変の終結を妨害し、オランダをそそのかし、フランスに脅威を与え、大日本帝国とタイ国との親交までも妨害してきた。その目的は、大日本帝国とこれら東亜の南方諸国との共存共栄の道を阻害することである。

こうした米英両国の動きは、大日本帝国を敵視し攻撃しようとするものであるが、今回米英は「経済断交」という暴挙を行うに至った。国家間において「経済断交」というのは、宣戦布告に匹敵する敵対行為であり、国家としてそれを黙認できるものではない。しかも米英両国は、さらに他の国々を誘い込み、大日本帝国の周辺で武力を増強し、大日本帝国の自立に重大な脅威を与えている。

大日本帝国政府はこれまで、上に述べたよう米英が大日本帝国の存立と東亜諸国の安定とに対して重大な脅威を与えて来ているにもかかわらず、太平洋の平和を維持し、全人類に戦禍の波及することがないよう堪忍自重し、米国と外交交渉を重ね、背後にいる英国並びに米英両国に附和雷同する諸国に反省を求め、大日本帝国の生存と権威の許す限り、互譲の精神をもって事態の平和的解決に努めてきた。しかし、米国はいたずらに空虚なる原則を弄び、東亜諸国の現実を認めず、大日本帝国の真の国力を悟ろうともせず、武力による脅威を増大させ、大日本帝国を屈服させようとしてきた。その結果、大日本帝国は、平和的解決手段を全て失う事となった。

東亜の安定と帝国の存立とは、今まさに危機に瀕している。それ故米国及び英国に対し宣戦の詔勅が発せられたのである。詔勅を承り、まことに恐懼感激に堪えないものがある。

帝国臣民は、一億鉄石の団結で決起勇躍し、国家の総力を挙げて戦い、東亜の禍根（白人支配）を永久に排除、聖旨にこたえ奉るべき状況となった。

世界各国が各々その所を得るべしという詔勅は、日星の如く明らかである。

大日本帝国が日満華三国の提携によって共栄の実を挙げ、進んで東亜諸国の興隆の基礎を築こうとしてきた方針は、もとより変るものではない。また大日本帝国は、志を同じくするドイツ、イタリア両国と盟約し、世界平和の基調を糾すべく新秩序の建設に邁進する決意をますます強固にしている。

今回帝国は東南アジア地域に武力進攻せざるを得なくなったが、それは決して東南ア

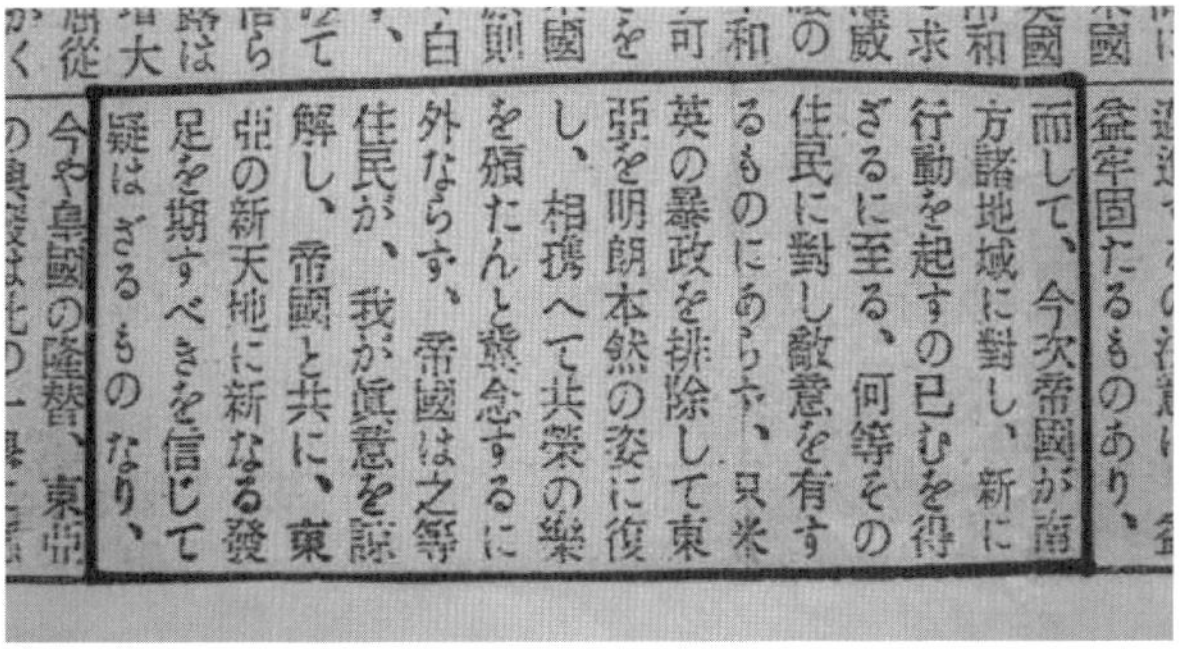

而して、今次帝國が南方諸地域に對し、新に行動を起すの已むを得ざるに至る、何等その住民に對し敵意を有するものにあらず、只米英の暴政を排除して東亞を明朗本然の姿に復し、相携へて共榮の樂を頒たんと冀念するに外ならず、帝國は之等住民が、我が眞意を諒解し、帝國と共に、東亞の新天地に新なる發足を期すべきを信じて疑はざるものなり、

資料３　アジア解放宣言

ジア住民に対して敵意を持つからではない。ただ、米英から東南アジア住民に対し加えられてきた暴政を排除し、東南アジアを白人によって植民地化される前の、明白なる本来在るべき姿へ戻し、ともに協力して繁栄することを願うからである。大日本帝国は東南アジアの住民たちがこの戦争目的を了解し、東亜に新たなる政治経済体制の構築を目差し共に行動することを疑わない。

今や大日本帝国と東亜の興廃は、この一挙にかかることとなった。全国民は、このたびの戦いの原因と使命に深く思いを馳せ、けっして驕ることなく、また怠ることなく、よく尽くし、よく耐え、それによって私たちの祖先の遺風を顕彰し、困難にあったら必ず国家興隆の基を築いた父祖の光栄ある歴史と業績と雄渾深遠なる陛下の統治を思い、万事にわたってソツがないようにすることを誓い、進んで戦争の目的を完遂し、陛下の御心を永遠に安んじ奉ることを期待する。

原文と同じく傍線を付した部分が〝アジア解放宣言〟である。資料3にその拡大を示す。

前章にて昭和十六年十二月八日以前に欧米植民地の解放が大日本帝国政府によって明言されていたら、大東亜戦争によるアジア解放は後づけや結果論ではなく先づけ論であり開戦目的がアジア解放であったことを証明すると述べたが、帝国政府声明こそ、その明確なる証明である。

開戦の日に開戦目的を記述した政府声明が発表され、そこにアジアの解放が目的であると記されている以上、大東亜戦争の戦争目的はアジアにおける白人植民地の解放であったと断定せざるを得ない。

帝国政府声明の原本を見る

アジア解放を記した帝国政府声明の全文は昭和十六年十二月八日の夕刊各紙に掲載された。

新聞記事など一次資料にはなり得ず、二次資料に過ぎないと批判する輩が既存論壇にいる。中には新聞社が勝手に捏ち上げた記事にすぎないなどと決めつける輩まで存在するから恐れ入る。朝日、読売、毎日（当時は日々）の各紙に同一の文章が掲載された訳だが、それでも、新聞各紙が捏造したというのであろうか。もしも、新聞社が勝手に政府声明を捏造などしたら公文書偽造で捕まるどころか、不敬罪で捕まったことであろう。なぜなら政府声明とは閣議決定ののち天皇のご決済を得て初めて公開されるものであるからだ。

資料4は帝国政府声明文の原本である。この資料は国立公文書館アジア歴史資料センターにてデジタル資料として一般公開されており、誰でも閲覧可能なものである。この原本の存在については数年前から根来達広氏（滋賀県在住）より報告を受けていた。ここでは一次資料として紹介しておく。

大日本帝国は昭和十六年十二月八日の午後零時二十分に政府声明を発し、開戦目的はアジアの白人植民地解放であると宣言し、同日午後七時には東条英機首相がラジオ放送を通じて全国民に対し開戦目的はアジアの解放と自存自衛の確保であると宣言していた。アジアの解放は結果論でもなければ後づけでもない、目的論であり先づけだったということである。

資料4　帝国政府声明原本

昭和十六年十二月八日

帝國政府聲名

恭しく宣戰の大詔を奉戴し茲に中外に宣明す、抑々東亞の安定を確保し、世界平和に貢獻するは、帝國不動の國是にして、列國との友誼を敦くし此の國是の完遂を圖るは、帝國か以て國交の要義と爲す所なり

然るに、殊に中華民國は、我眞意を解せす、徒らに外力を恃んて、帝國に挑戰し來り、支那事變の發生を見るに至りたるか、御稜威の下、皇軍の向ふ所敵なく、既に支那は、重要地點悉く我手に歸し、同憂具眼の士國民政府を更新して帝國は之と善隣の誼を結ひ、友好列國の國民政府を承認するもの已に十一ヶ國の多きに及ひ、今や重慶政權は、奥地に殘存して無益の抗戰を續くるに過きす、然れとも英米兩國は東

0761

亞を永久に隷屬的地位に置かんとする頑迷なる態度を改むるを欲せず、
百方支那事變の收結を妨害し、更に蘭印を使嗾し、佛印を脅威し、帝
國と泰國との親交を裂かむかため、策動至らさるなし、乃ち帝國と之
等南方諸邦との間に共榮の關係を增進せむとする自然的要求を阻害す
るに寧日なし、その狀恰も帝國を敵視し帝國に對する計畫的攻撃を實
施しつつあるものの如く、遂に無道にも、經濟斷交の擧に出つるに至
れり、凡そ交戰關係に在らさる國家間における經濟斷交は武力に依る
挑戰に比すへき敵對行爲にして、それ自ら默過し得さる所とす、然も
兩國は更に與國を誘引して帝國の四辺に武力を增强し、帝國の存立に
重大なる脅威を加ふるに至れり
帝國政府は、太平洋の平和を維持し、以て全人類に戰禍の波及するを

0762

防止せんことを顧念し、叙上の如く帝國の存立と東亞の安定とに對する脅威の激甚なるものあるに拘らす、隱忍自重八箇月の久しきに亘り米國との間に外交々渉を重ね、米國とその背後に在る英國並ひに此等兩國に附和する諸邦の反省を求め、帝國の生存と權威との許す限り、互讓の精神を以て事態の平和的解決に努め、盡す可きを盡し、爲す可きを爲したり、然るに米國は、徒らに架空の原則を弄して東亞の明々白々たる現實を認めす、その物的勢力を恃みて帝國の眞の國力を侮らす、與國とともに露はに武力の脅威を增大し、以て　帝國を屈從し得へしとなす、かくて平和的手段により、米國ならひにその與國に對する關係を調整し、相携へて太平洋の平和を維持せむとする希望と方途とは全く失はれ、東亞の安定と帝國の存立とは方に危殆に瀕せり、事玆に至る、遂に米國及ひ英國に對し宣戰の大詔は渙發せられたり、叡

0763

旨を奉體して洵に恐惶感激に堪へす、我等臣民一億鐵石の團結を以て
蹶起勇躍し、國家の總力を擧けて征戰の事に從ひ、以て東亞の禍根を
永久に芟除し聖旨に應へ奉るへきの秋なり、
惟ふに世界萬邦をして各々その所を得しむるの大詔は、炳として日星
の如し、帝國か日滿華三國の提携に依り、共榮の實を擧け、進んで東
亞興隆の基礎を築かむとするの方針は、固より渝る所なく、又帝國と
志向を同しうする獨伊兩國と盟約して、世界平和の基調を劃し、新秩
序の建設に邁進するの決意は、愈々牢固たるものあり、而して、今
次帝國か南方諸地域に對し、新に行動を起すの已むを得さるに至る、
何等その住民に對し敵意を有するものにあらす、只米英の暴政を排除
して東亞の明朗本然の姿に復し、相携へて共榮の樂を頒たんと冀念す

0764

るに外ならす、帝國は之等住民が、我が眞意を諒解し、帝國と共に、東亞の新天地に新なる發足を期すへきを信して疑はさるものなり、今や皇國の隆替、東亞の興廢は此の一擧に懸れり、全國民は今次征戰の淵源と使命とに深く思を致し、苟も驕ることなく、又怠る事なく、克く竭し克く耐へ、以て我等の祖先の遺風を顯彰し、難關に逢ふや必す國家興隆の基を啓きし我等祖先の赫々たる史績を仰き、雄渾深遠なる皇謨の翼賛に萬遺憾なきを誓ひ、進んて征戰の目的を完遂し、以て聖慮を永遠に安し奉らむことを期せさるへからす

0765

第三章　帝国政府声明

埋もれていた帝国政府声明

帝国政府声明の発掘により開戦目的はアジアにおける白人植民地の解放であったことが証明され、前掲したアジア解放グラフは開戦意図が具現化されたことを裏づけている。

著者が帝国政府声明を発見したのは平成二十一年四月であったから、この文書は戦後六十四年間にわたって意図的に隠蔽されてきたと考えがちであるが、そう考えるには無理がある。開戦日の夕刊にて全国に発表、配布された新聞を意図的に全て回収し隠蔽する事など、あのGHQをもってしても物理的に不可能であったと考えられるからだ。

正確に言うなら帝国政府声明は隠蔽などされていなかった。ただ、誰も発掘しようとしなかっただけである。

著者も自分のラジオ番組で〝新聞拾い読みコーナー〟を持っていなければ、開戦にあたっての帝国政府声明に出くわすことはなかったであろう。

帝国政府声明が世に出なかった理由を考えると、次の要因が考えられる。

1) 戦後マスコミを牛耳った日本共産党が無視を決め込んだ。

日本共産党にとって戦前に自分たちを散々弾圧していた大日本帝国が〝アジア解放軍〟という英雄になるという事は、その英雄に弾圧されてきた日本共産党は英雄の〝敵役〟

即ち悪党という事になるから認められない。

２）保守論人が戦犯に囚われることを恐れ意図的に帝国政府声明を避けた。

当時は〝戦犯狩り〟という恐怖政治が目前で行われており、アジア解放を唱えていた知識人たちは戦犯となるのを恐れ、皆口を噤んでしまった。

３）東京裁判を正当化するため、ＧＨＱがアジア解放宣言文そのものの存在を封印するよう、当時の識者、政府関係者に命じた。

米国務長官コーデル・ハルは大日本帝国降伏直前、次の指示を出していると聴いた。

「大日本帝国をアジア解放の殉教者としてはならない」

戦争中、大日本帝国は開戦目的である〝アジア解放〟をビルマ（現ミャンマー）、カンボジア、ラオス、ベトナム、フィリピンで実現した。これら各国を独立させ、ただちに承認している。さらに、自由インド仮政府を承認し、アンダマン諸島とニコバル諸島をその領地としてあたえた。

開戦から僅か一年と九ヶ月でビルマ国を独立させ、ただちに承認している。

連合国側による広島長崎への原爆投下という国際法違反の残虐兵器使用により、やむなくポツダム宣言を受諾し、三百万人以上の死者を出して、所謂〝降伏〟を受け入れた当時の大日本帝国には、殉教者となり得る十分な理由が存在したのである。

大日本帝国がアジア解放に殉ぜられるという事は、数百年に亘りアジア・アフリカを植民地支配してきた白人国家が否応なしに侵略者として認定されることを意味するし、対日戦と原爆投下は植民地維持のための悪あがきであったことを認めることになる。それゆえ、彼らは「殉教者である大日本帝国」の存在を認めることは出来ないのである。

もしも、開戦に当たっての帝国政府声明に「アジア解放」が宣言されていることを認めては、大日本帝国は志半ばにして斃れた殉教者となり、白人国家は侵略国家と成る。それゆえ、GHQが帝国政府声明を封印しようとしたのは当然の行いなのである。現実には新聞という余りにあからさまなメディアに発表された後であり、隠蔽は無理であったが。

4）上記1）、2）、3）の理由から帝国政府声明封印の風潮が醸成され、それが次世代の歴史家、保守論人へ引き継がれた。
5）次世代の歴史家、保守論人も占領が解けているにも拘わらず、旧戦勝国からの反発を恐れて封印した。
6）歴史家が開戦日に遡って当日の新聞を確認することを怠ってきた。
7）開戦当日の新聞を検証はしたが、アジア解放宣言の段落を日本共産党と同様に「開戦を正当化するための方便」として、読み過ごしてしまった。

以上の理由から、平成二十一年四月に著者が発見するまでの戦後六十四年間の長きに亘って、「開戦に当たっての帝国政府声明」は結果として封印されてきたのである。

帝国政府声明の発掘は戦後歴史観を転覆させる

次に帝国政府声明の発掘が歴史評価に与える影響を考えよう。結論から言うと、戦後歴史観を根底から転覆させることになる。

戦後、我が国を支配してきた歴史観とはＧＨＱと日本共産党が作りあげた「大日本帝国は資源欲しさにアジアを侵略したあげくにみじめに敗戦した」というものである。

著者はこの歴史観を侵略敗戦史観と名づけた。世間一般には自虐史観と呼ばれるが、より正確にいうなら、「大日本帝国とは資源略奪侵略を企んで、アジア各国へ散々迷惑をかけた後、敗北した無様な国家である」と規定する歴史観である。

日本共産党と白人国家は大日本帝国を悪とすることに於いて利害が一致する。

戦前において日本共産党はソ連共産党の犬、即ちコミンテルン大日本帝国支部として共産主義者による世界制覇と虐殺に貢献し、帝国政府転覆を謀っていたから、特高、憲兵に弾圧されたのである。暴力革命を主張し議会制民主主義を否定する日本共産党を弾圧することは正しい行為だったのである。著者は現在でも共産党は非合法化すべきと考えている。

一方、白人国家は数百年に亘ってアジア・アフリカ・南北アメリカの有色人種を隷属、虐殺、搾取してきた。

要するに日本共産党も白人国家も悪党に違いないのだが、彼らに立ち向かった大日本帝国を悪としなくては、自らの立場を取り繕うことは出来ないのである。

大東亜戦争を解りやすく例えれば次のようになる。

アジアの住民から警察署（大日本帝国）へ「強盗が入ったから、助けてくれ、もうすぐ警察署も襲うようだ」と通報があり、警官は住民を強盗から解放し、自らをも強盗から護るためアジアに乗り込み、強盗を蹴散らしたのだが、最後に強盗のだまし討ち（原爆投下）に遭い、逆に捕らえられてしまった。強盗は勝手に捕らえた警官を「こいつこそ、強盗だ」と言って自分たちがでっち上げた検察に身柄送検し、さらに自分たちででっち上げた裁判所（極東軍事裁判所）で審理し、有罪として処刑した。

極東軍事裁判（東京裁判）については後述するが、帝国政府声明の発掘は大日本帝国こそがアジアの善良なる警察官であったことを証明する。それ故、白人戦勝国は帝国政府声明を無き者とする必要があったのである。

帝国政府声明は我々に以下の歴史見直しを突きつけている。

・靖国神社に祀られる英霊たちはアジア解放・有色人種解放戦争で犠牲となった殉教者である。

・支那は自ら有色人種でありながら白人の手先となって日本によるアジア解放を妨害していた有色人種の裏切り者である。
・韓国はアジア解放戦争の共犯であるにも拘わらず、白人に侵略者のレッテルを貼られると自ら有色人であるにも拘わらず、白人側に寝返った裏切り者である。
・白人側に寝返った以上、有色人種に謝罪と反省を行うべきは支那と韓国である。
・国家神道のみが白人キリスト教勢力を打ち負かした世界最強宗教である。なぜなら仏教徒、イスラム教徒、ヒンズー教徒も白人キリスト教徒に支配されていたからである。日本人は国家神道 を復権させなくてはいけない。
・現行憲法とは有色人種解放をもたらした大日本帝国憲法を壊滅させ、日本を悪役に仕立てる事により、植民地支配という白人の侵略犯罪行為を正当化するために押しつけた〝白人正当化憲法〟である。それ故、制定時に遡って無効としなくてはならない。
・東條英機首相ら所謂「A級戦犯」は有色人種解放の殉教者である。

第四章　侵略意図は存在したのか

玄洋社の果たした役割

白人列強から経済封鎖を受け、資源確保に窮した大日本帝国が、ひもじくなったからアジアへ唐突に進攻したのであれば、コンビニ強盗の如き、唯の思いつき泥棒行為であったという事は言えるかも知れない（実際、唯の思いつきドロボーをやっていたのは白人国家だったのであるが）。

大日本帝国がアジア侵略を意図したというのであれば、明治維新以来、大日本帝国がどのようにアジア地域と関わってきたかを知らなくてはいけない。

開戦目的はアジアにおける白人植民地の解放であると明記された帝国政府声明とその結果としてのアジア解放グラフ（安濃ダイアグラム）は大東亜戦争が大日本帝国による何の脈絡経緯もない〝思いつきの侵略〟などではなかったとを示しているわけだが、それを裏づけるのが玄洋社の存在である。

次に玄洋社についてウィキペディアから引用する。

安濃注：本書で著者はインターネット百科事典と呼ばれる「ウィキペディア」の資料を利用する。ウィキペディアについてはその真偽を疑う向きもあるが、著者がその真偽を判断して使用する。少なくともいえること、それは、共産党歴史観に汚染された我が国の歴史学者が捏ち上げた近現代史資料よりも遙かに信頼に足るということである。

玄洋社とは

玄洋社（げんようしゃ、1881年―1946年）は、旧福岡藩（黒田藩）士が中心となって、1881年（明治14年）に結成されたアジア主義を抱く政治団体である。

概要

当時の在野の多くの政治結社と同じく、欧米諸国の植民地主義に席捲された世界の中で、人民の権利を守るためには、まず国権の強化こそが必要であると主張した。また、対外的にはアジア各国の独立を支援し、それらの国々との同盟によって西洋列強と対抗する大アジア主義を構想した。明治から敗戦までの間、政財界に多大な影響力を持っていたとされる。大日本帝国の敗戦に伴い1946年（昭和21年）、GHQは「大日本帝国の国家主義と帝国主義のうちで最も気違いじみた一派」として解散させた。

主な活動

1881年（明治14年）、平岡浩太郎を社長として、旧福岡藩士らが中心となり、杉山茂丸、頭山満、箱田六輔、大原義剛、福本誠、内田良五郎（内田良平の父）、進藤喜平太（進藤一馬の父）、月成功太郎、末永純一郎、武井忍助、古賀壮兵衛、的野半介、月成勲、児玉音松らが創立に参画し、新聞「福陵新報」を創刊し、吉田磯吉といった侠客や、「二六新報」の主筆・鈴木天眼もしばしば関係した。

戦前、戦中期にかけて軍部・官僚・財閥、政界に強大な影響力を持ち、日清戦争、日露戦争、第一次世界大戦そして第二次世界大戦と大日本帝国の関わってきた数々の戦争において情報収集や裏工作に関係してきた。またアジア主義の下に、支那の孫文や李氏朝鮮の金玉均をはじめ、当時欧米諸国の植民地下にあったイスラム指導者などアジア各国の独立運動家を強力に支援した。

玄洋社の社則の条項は「皇室を敬戴すべし」、「本国を愛重すべし」、「人民の権利を固守すべし」というものであった。当時、薩長藩閥政府による有司専制を打破するために、議会の開設を要求した有力な政治勢力の一つは、今日「右翼」と称される玄洋社などの民間結社であった。しかし、これらの勢力が議会開設後に一転して政府と一体になって選挙干渉に転じた。その理由は、当時の議会が「民力休養」を掲げ、軍事予算の削減を要求しながら清国との戦争を躊躇していたためであった。玄洋社は、テロも含めた激しい選挙干渉を実行している。

他に玄洋社が関わった有名な事件としては、1889年（明治22年）の大隈重信爆殺未遂事件がある。当時外務大臣だった大隈は、大日本帝国が幕末に結んだ不平等条約の改正をはかったが、その改正案は関係各国に対しかなり妥協的であり、国民的反対運動がたちまち全国を覆った。しかし、剛毅な大隈は決して自案を曲げなかったため、玄洋社社員の来島恒喜が大隈に爆弾を投擲し、自身もその場で咽喉を斬って自決したのである。来島の投げた爆弾は過激自由民権運動家の大井憲太郎から提供されたものと言われている。事件で大隈は右足を失いながらも、尚自説を貫く決意であったが、政府は方針を急転し、大隈は辞職したため、この妥協的改正案は見送られることとなった。

玄洋社の社員らが掲げた有名なスローガンには「大アジア主義」（孫文の神戸演説に語源があるとされる）がある。彼らは、朝鮮の親日開花運動家金玉均や朴泳孝、インドの独立運動家ラース・ビハーリー・ボースらを庇護し、アメリカと独立戦争を戦うフィリピンのアギナルドへは武器と義兵を送ろうとした。

１９０１年（明治34年）に、内田良平らが黒龍会（玄洋社の海外工作を担う）を設立してからは、より多彩な活動が展開されるようになる。孫文らの辛亥革命を支援するために、多くの浪人たちが清朝政府軍やその後の軍閥政府軍と戦っている。

日露戦争中全般にわたり、ロシア国内の政情不安を画策してロシアの継戦を困難にし、大日本帝国の勝利に大きく貢献した明石元二郎も玄洋社の社中（社員）であった。陸軍参謀本部参謀次長長岡外史は、「明石の活躍は陸軍10個師団に相当する」と評した。また、ドイツ皇帝ヴィルヘルム2世は、「明石元二郎一人で、満州の大日本帝国陸海軍20万人に匹敵する戦果を上げている。」といって称えた。

また、日韓問題については、内田良平は一進会の領袖李容九と、大日本帝国と大韓帝国（韓国）の対等な立場での合邦を希望し運動した。

昭和に入ると、玄洋社と関係の深かった中野正剛らは、大日本帝国憲法を朝鮮・台湾にも施行して、内地と朝鮮の法律上の平等の徹底（参政権は属地主義であったため、大日本帝国内地在住の朝鮮人、台湾人にのみ選挙権、被選挙権があった）をはかるべきと主張した。一方、頭山満と親交のあった葦津耕次郎らは、国家として独立できるだけの朝鮮のインフラ整備は既に完了したとして朝鮮独立を主張した。葦津は、満州帝国に対する関東軍の政治指導を終了すべきことも主張している。

政治との関連

進藤喜平太の子息で、中野正剛の秘書や玄洋社の最後の社長を務めた進藤一馬は福岡市長となった。

多くの玄洋社の運動家を輩出した福岡藩の藩校である修猷館は、現在は県立高校（福岡県立修猷館高等学校）となった。進藤の跡を継ぎ１９８６年（昭和61年）から１９９８年（平成10年）まで福岡市長を務めた桑原敬一も修猷館高校出身である。

また、玄洋社の思想に共鳴した柴田徳次郎によって、関東一円の学生によって設立されたのが青年大民團である。青年大民團は玄洋社の思想を多くの青年へ教育するための教育機関として私塾國士舘を設立しており、こうした関係から第二次世界大戦直後は国士舘はその名称を変更させられていた時期もあった。

（以上、ウィキペディアから引用）

玄洋社の存在は「資源獲得に窮したから、取り敢えずドロボー行為に走った」という、東京裁判史観を否定する。

白人植民地を再侵略するどころか、維新から間もない明治十四年（一八八一）から植民地を解放、独立させるために玄洋社が存在しており、アジア独立活動家のために様々な支援を行っていたことは歴史的事実であり、当時の日本人が目差していたのはアジア解放である事は明らかである。

上記紹介文のなかに「1946年（昭和21年）、GHQは「大日本帝国の国家主義と帝国主義のうちで〝最も気違いじみた一派〟として玄洋社を解散させた」という記述があるが、GHQが解散させたという事実はいかに白人国家が玄洋社を恐れていたかの証しであり、気違いじみた一派どころか、最も健気正常なる団体であったことを窺い知ることが出来る。なぜなら、当時、最も気違いじみた団体とはGHQそのものであるからだ。

「アジア侵略」という表現

次に「アジア侵略」という表現について考察する。

当時、アジア各国などという国家群は存在しなかった。アジアに於ける実質的独立国家はタイ王国のみであり、アジアのほとんどは欧米白人国家、米英蘭仏の領土、植民地、保護国、属領であり、支那大陸は半植民地状態であった。それ故「アジア各国を侵略した」という行為は成立しない。相手がいないのに侵略行動を取れるはずがない。強いて言えば、アジアにおける英米仏蘭の領土・保護国・植民地を侵略したというのが正しい。アジアを侵略していたのは欧米列強であるから、日本軍は侵略国家を侵略したという、論理的に矛盾した行動を取ったことになる。侵略国家を侵略した時、それは侵略という言葉で表現すべきではなく、「解放」という言葉を与えるのが正しい言葉使いである。

帝国政府声明と同日付で発表された大詔で陛下は、開戦理由が米英からの経済的・軍事的圧迫に対する帝国の自衛戦争であると述べている。

経済的圧迫とはＡＢＣＤ包囲網と呼ばれる対日経済封鎖であり、米国による在米日本資産の凍結である。この凍結により日本は対外的貿易決済を行えなくなったのである。なぜなら日本は多くのドルをシカゴの銀行口座に蓄え、その口座から貿易決済をおこなっていたからである。

軍事的圧迫とは米国太平洋艦隊のカリフォルニア州サンジェゴ港からハワイ真珠湾への前進であり、アリューシャン列島ダッジハーバーへの米艦隊常駐、支那大陸への米義勇兵（フライング・タイガー）派遣、東南アジア地域からの蔣介石軍への軍事援助などである。

米英蘭からの軍事経済脅迫が全くないのに開戦したのであれば、思いつきの侵略行為と言えるであろうが、現実には大日本帝国を脅していたのは米英蘭であった。

このような状況での開戦は武力脅迫から身を守るための、やむを得ない防衛行動であったと認めざるを得ない。

白人列強による経済軍事脅迫に対抗するには、白人列強の富の源泉である植民地を消滅させる必要があったし、植民地の独立は欧米に対する「逆経済封鎖」となりえたのである。また同じ有色人種であるアジア同胞たちにとっても歓迎すべき行為だったのである。

以上に解説した通り、当時の大日本帝国に侵略意図など見いだせないし、「侵略者を侵略する」という言語自体が矛盾を孕んでいることを考慮すれば、開戦目的がアジア侵略と略奪であったと断定することは不可能である。

「侵略者を侵略する」という難解かつ理解に苦しむ言語を解りやすく解読すれば、それは「解放」という言葉で表現される。大日本帝国にあったのはアジア侵略意図などでは無く、アジアを解放独立させ、そののち貿易によって共栄するという意図のみであった。

日本軍特務機関の果たした役割

開戦前から大日本帝国がアジア独立に関与していたことは前述したとおりである。次に帝国陸軍特務機関の果たした役割をウィキペディアから紹介する。以下に戦前から活動していた帝国陸軍特務機関名とその目的を示す。

南機関

昭和十六年（一九四一）二月一日、正式に発足し、同十七年（一九四二）にかけて活動を行った特務機関で、鈴木敬司陸軍大佐を中心に創設された。

南機関は実質イギリスの植民地であったビルマ（ミャンマー）の独立運動を支援し、ビルマ独立義勇軍の支援などを行い、ビルマ独立工作とビルマ独立義勇軍養成にあたった。

藤原機関

昭和十六年（一九四一）九月に藤原岩市少佐らによって構成された少人数の特務機関で、藤原少佐の頭文字と自由（Free）の頭文字からF機関と名づけられた。

F機関は大東亜戦争開戦前にイギリスとの開戦を想定し、当時イギリスの植民地であったインド独立の支援や、イギリスと対する組織を支援する工作を行った。特にマレー半島の解放と捕虜にした英軍インド旅団のインド兵を反英独立軍、即ちインド国民軍へ改編することに大きな役割を果たした。戦前マレーで活躍した日本人義賊、〝ハリマオ〟こと福岡出身の谷豊はこの藤原機関の諜報員であった。

岩畔機関

F機関から改編された組織で、岩畔豪雄陸軍大佐が率いていたため岩畔機関と呼ばれた。岩畔機関は人員が十数名程度だったF機関を二百五十名以上の組織に発展させ、総務班・情報班・特務班・軍事班・宣伝班・政治班の六班構成となっていた。主にインド国民軍の発展や指導・教育を行いインド独立に備えた。

光機関

光機関はF機関を引き継いだ岩畔機関からさらに組織を拡大した特務機関で、人員は五百名以上となっていた。

インド独立運動を行っていたチャンドラ・ボースの支援や、インド国民軍や自由インド仮政府の教育・支援を行った。

ペナン特務機関

インド人に対する特務教育を担当した。

安機関

フランス軍工作・ベトナム独立の支援を担当。

西原機関

援蒋物資ルート遮断を目的とした。

（以上、ウィキペディアより引用）

このように戦前から上記特務機関が現地人の独立支援と軍事訓練を行っており、帝国陸海軍が東南アジア地域を占領した後は各国の独立グループと連携、現地人独立政府の設置と独立への移行の迅速化を計っていたのである。

南機関の詳細

一例としてビルマ進攻およびビルマ独立を担当した南機関について以下にウキペディアより詳述する。

安濃注：本書で著者はインターネット百科事典と呼ばれる「ウキペディア」の資料を利用する。ウキペディアについてはその真偽を疑う向きもあるが、著者がその真偽を判断して使用する。少なくともいえること、それは、共産党歴史観に汚染された我が国の歴史学者が捏ち上げた近現代史資料よりも遙かに信頼に足るということである。

昭和15年（1940年）当時、日本海軍がラングーン在住の予備役大尉国分正三を通じて早くから情報収集に努めていた一方で、日本陸軍が持っていた情報は無きに等しかった。鈴木大佐は活動開始にあたって上海の特務機関員であった樋口猛、興亜院の杉井満、満鉄調査部の水谷伊那雄らに協力を要請した。

昭和15年（1940年）6月、鈴木大佐は日緬協会書記兼読売新聞特派員「南益世」の偽名を使ってラングーンに入り、タキン党員（反英独立派）と接触した。そこで鈴木大佐はアウン・サンたちがアモイに潜伏していることを知り、彼らを日本に招くことを決意する。11月アウン・サンたちはアモイの日本軍特務機関員によって発見され日本に到着した。鈴木大佐はアウン・サンに「面田紋二」、ラミヤンに「糸田貞一」の偽名を与えて郷里の浜松にかくまった。

アウン・サンたちの来日を契機として、陸海軍は協力して本格的な対ビルマ工作を推進することを決定する。1941年2月1日、鈴木大佐を機関長とする大本営直属の特務機関「南機関」が正式に発足した。さしあたり対外的には「南方企業調査会」との偽称を用いることとした。発足時の主要メンバーは次の通りであった。

陸軍——鈴木敬司大佐（機関長）、川島威伸大尉、加久保尚身大尉、野田毅中尉、高橋八郎中尉、山本政義中尉（川島大尉、加久保大尉、山本中尉は陸軍中野学校出身）

海軍——児島斉志大佐、日高震作中佐、永山俊三少佐

民間——国分正三、樋口猛、杉井満、水谷伊那雄

安濃注：上記メンバーの中で野田毅中尉とは戦後、毎日新聞のでっち上げ事件　虚構の〝100人斬り競争〟の戦犯として非業の死を遂げた野田毅氏である。

30人の同志

鈴木大佐は南機関の本部をバンコクに置き活動を開始した。南機関の任務は、世界最強のイギリス情報機関を相手として、日本の関与をいささかも漏らすことなく謀略を成功させるという極めて困難なものであった。南機関は次のような行動計画を立てた。

ビルマ独立運動家の青年30名を密かに国外へ脱出させ、海南島または台湾において軍事訓練を施す。

訓練終了後、彼らに武器、資金を与えてビルマへ再潜入させ、武装蜂起の準備をさせる。武装蜂起の時期は１９４１年６月頃とする。

鈴木大佐
下段右から３人目（ビルマ人の衣装を着ている）

１９４１年2月14日、杉井とアウン・サンの両名に対し、ビルマ青年の手引きを命ずる作戦命令第一号が発出された。両名は船員に変装して、ビルマ米輸送の日本貨物船でラングーンへ向かい、第一陣のビルマ青年4名の脱出を成功させた。以後6月までの間に、海路及び陸路を通じて脱出したビルマ青年は予定の30名に達した。この30名が、後にビルマ独立の伝説に語られることになる「30人の同志」である。

4月初旬、海南島三亜の海軍基地の一角に三亜訓練所と呼ばれる特別訓練所が開設され、ビルマ青年が順次送り込まれて過酷な軍事訓練が開始された。ビルマ青年たちのリーダーはアウン・サンが務めた。訓練用の武器には支那戦線で捕獲した外国製の武器を準備するなどして、日本の関与が発覚しないよう細心の注意が払われた。グループに比較的遅れて加わった中にタキン・シュモンすなわちネ・ウィンがいた。ネ・ウィンは理解力に優れ、ひ弱そうに見える体格の内に凄まじい闘志を秘めていた。ネ・ウィンはたちまち頭角を現し、アウン・サンの右腕を担うことになる。

ビルマ独立義勇軍誕生

やがて1941年の夏が来た。ビルマでの武装蜂起の予定時期となっていたが、国際情勢は緊迫の度を深めていた。6月22日にナチス・ドイツがソ連へ進攻し、日本でも、ソ連を攻撃すべしとする北進論と、これを機に東南アジアの資源地帯を抑えるべしとする南進論とが唱えられた。7月、陸軍は関特演を発動して満州に大兵力を集結し、また陸海軍は南部仏印進駐を進めた。これに対してアメリカは在米日本資産凍結、対日石油禁輸という強硬な経済制裁を発動した。このような情勢下、ビルマでの武装蜂起の予定にも軍中央から待ったがかけられた。先行きの見えない状況に、ビルマ青年たちも焦りの色を濃くしていた。

10月、三亜訓練所は閉鎖され、ビルマ青年たちは台湾の玉里へ移動した。その頃日本は対米英開戦に向けて動き出していた。10月16日近衛文麿内閣総辞職。後を継いだ東條英機内閣は11月1日の大本営政府連絡会議で帝国国策遂行要領を決定。11月6日、南方作戦を担当する南方軍以下各軍の編制が発令された。南機関も南方軍の直属とされ、本部は南方軍司令部と同じサイゴン（現在のホーチミン）へ移された。

12月8日、日本はアメリカ、イギリスへ宣戦布告し大東亜戦争が開始される。開戦と同時に日本軍第15軍（軍司令官：飯田祥二郎中将、第33師団および第55師団基幹）はタイへ進駐した。南機関も第15軍指揮下に移り、全員がバンコクに集結、南方企業調査会の仮面を脱ぎ捨てタイ在住のビルマ人の募兵を開始した。

12月28日、今日のミャンマー軍事政権の源流ともいうべき「ビルマ独立義勇軍」(Burma Independence Army, BIA）が宣誓式を行い、誕生を宣言した。鈴木大佐がＢＩＡ司令官となり、ビルマ名「ボーモージョー」大将を名乗った。ＢＩＡには「30人の同志」たちのほか、将校、下士官、軍属など74名の日本人も加わり、日本軍での階級とは別にＢＩＡ独自の階級を与えられた。発足時のＢＩＡの兵力は１４０名、幹部は次の通りであった。

司令官——ボーモージョー大将（鈴木大佐）

参謀長――村上少将（野田大尉）
高級参謀――面田少将（アウン・サン）
参謀――糸田中佐（ラミヤン）
参謀――平田中佐（オンタン）
ダヴォイ兵団長――川島中将（川島大尉）
水上支隊長――平山大佐（平山中尉）

ビルマ進攻作戦

日本軍第15軍はタイ進駐に引き続きビルマへの進攻作戦に移った。開戦間もなく先遣部隊の宇野支隊（第55師団歩兵第143連隊の一部）がクラ地峡を横断し、ビルマ領最南端のビクトリアポイント（現在のコートーン）を12月15日に占領した。さらに宇野支隊は海上を島伝いに北上したが、これは陽動で、第15軍主力はタイ・ビルマ国境のビラウクタウン山脈を一気に越える作戦を立てていた。すなわち、沖支隊（第55師団歩兵第112連隊の一部）がタイ領内カンチャナブリからダボイ（現在のダウェイ）へ向かい、第55師団主力および第33師団はラーヘン付近に集結してモールメン（現在のモーラミャイン）からラングーンを衝く作戦である。ＢＩＡも水上作戦を担当する水上支隊、ダボイ兵団、主力の３隊に分かれて日本軍に同行し、道案内や宣撫工作に協力することになった。

沖支隊は1月19日タボイを攻略、第55師団主力は1月31日モールメンを攻略、第33師団は2月4日パアーンを攻略した。日本軍とＢＩＡの前進とともにビルマの独立運動はすさまじい勢いで進展し、ビルマ青年たちはＢＩＡへ身を投じた。英印軍第17インド師団はビルマ東部の大河サルウィン川とシッタン川を防衛線としていたが、2月22日、逃げ遅れた友軍を置き去りにしたままシッタン川の橋梁を爆破して退却した。ＢＩＡはこれを追って2月26日、日本軍主力に先立ちシッタン川を渡河した。

さらにＢＩＡ水上支隊はイラワジデルタに上陸して英印軍の退路をかく乱した。

3月7日英印軍はラングーンを放棄し脱出、3月8日第33師団がラングーンを占領した。

次いでＢＩＡも続々とラングーンへ入城した。このときＢＩＡの兵力は約一万余まで増加していた。3月25日、ＢＩＡはラングーン駅前の競技場で観兵式典を行った。アウン・サンを先頭にした４５００名のＢＩＡの行進に、ラングーン市民は熱狂したのであった。

ビルマ中部および北部にはなお英印軍と支那軍が展開していたが、日本軍は占領したシンガポールから第18師団と第56師団をビルマへ増援し、ビルマ全域の攻略を推進した。

第56師団は4月29日ラシオを占領し、援蒋ルートを遮断した。英印軍と支那軍は日本軍に追い立てられ、疲労と飢餓に倒れ、多くの捕虜を残してアッサム州と雲南省へ向けて退却した。5月末までに日本軍はビルマ全域を制圧した。

軍中央との対立

この間、ビルマへの独立付与をめぐって、南方軍および第15軍と南機関との間に対立が生じていた。鈴木大佐は一日も早くビルマ独立政府を作り上げることを念願とし、アウン・サンたちに対しても早期の独立を約束していた。アウン・サンたちも、ビルマに進入しさえすれば当然に独立は達成されるであろうと期待していた。

ところが、南方軍および第15軍の意向は、彼らの願いを根底から覆すものだった。南方軍参謀石井秋穂大佐は次のように述べている。

作戦途中に独立政権を作ると、独立政権は作戦の要求に圧せられて民心獲得に反するような政策を進めねばならなくなり、日本軍との対立が深まる。

形勢混沌たる時機には、民衆の真の代表でない便乗主義者が政権を取る結果になることもありうる。

独立政権の樹立には反対しないが、まずは単なる行政担当機関を作らせ、軍司令官の命令下に管理するのが順序である。

結局、軍中央を動かしていったのはこうした筋の見解だった。鈴木大佐以下南機関のメンバーたちは、次第に軍中央の方針に反発し、事と次第によっては反旗を翻すことを仄めかすようになった。アウン・サンたちも日本軍を不信視し、不満の念を高めていった。

5月13日、マンダレー北方のモゴク監獄から脱出していたバー・モウが日本軍憲兵隊によって発見された。これまでアウン・サンもビルマの指導者としてバー・モウを推奨していたこともあって、第15軍はバー・モウを首班とする行政府の設立準備を進めることとなった。6月4日、飯田軍司令官はビルマ軍政施行に関する布告を発し、中央行政機関設立準備委員会を発足させた。

南機関解散

北部ビルマ平定作戦が終了した時点でＢＩＡの兵力は2万3千人に達していた。急激な膨張の一方で、烏合の衆的な傾向も強まり、幹部の統制を逸脱して悪事を働く者も出てきていた。また、部隊への食糧補給も問題となり、日本軍の占領地行政との間で摩擦が起きるようになった。こうした中、南方軍および第15軍では、ＢＩＡを一旦解散し、その中から選抜した人員をもって正規軍を作るべきとする結論に達した。

同時に、南機関の任務も終わり、その活動を閉じる時機となっていた。鈴木大佐に対しては6月18日付をもって近衛師団司令部付への転属が命じられた。鈴木大佐はＢＩＡの総指揮をアウン・サンへ委譲したのち、7月15日、ラングーン発内地へ向かった。その他の機関員も各所に転属となり、一部は新しく誕生するBurma Defence Army, BDA（ビルマ防衛軍、ビルマ国防軍）の指導要員として残留することになった。

その後

１９４３年8月1日、ビルマはバー・モウを首班として独立し、ＢＤＡはBurma National Army, BNA（ビルマ国民軍、ないしビルマ国軍）と改名した。アウン・サンが国防大臣に就任したため、ＢＮＡの司令官にはネ・ウィンが任命された。その後インパール作戦で日本軍が敗退し、敗勢が明らかになるにつれ、ビルマの民心は日本から離反していった。

１９４４年8月、ＢＮＡ、ビルマ共産党、人民革命党などによって抗日運動の秘密組織である「反ファシスト人民自由連盟」（ＡＦＰＦＬ）が結成された。

１９４５年3月27日、ＢＮＡはアウン・サンの指導の下にビルマ全土で蜂起し、日本軍に襲い掛かった。このとき30人の同志の1人、ミンオンは義を立てて自決したと伝えられている。また、アウン・サンは元南機関員の救命を指示した。元南機関員でただ1人BNAに残っていた高橋八郎中尉は身柄を保護され、戦後無事に日本へ帰国した。

5月、アウン・サンは連合軍のルイス・マウントバッテン司令官と会談し、BNAがビルマ愛国軍（Patriot Burmese Forces, PBF）と改称した上で連合軍の指揮下に入ることで合意した。その後アウン・サンは軍を去ってAFPFL総裁に就任し、イギリス政府との交渉をはじめとする独立問題に専念することになった。だがアウン・サンは1947年7月に暗殺され、ウ・ヌーがAFPFL総裁を引き継いだ。1948年1月4日、ビルマはウ・ヌーを首班として英国からの独立を達成した。

1962年3月2日、ビルマ軍はクーデターを決行し、司令官ネ・ウィンが大統領に就任した。ネ・ウィンの率いる軍事政権は議会制民主主義を否定して「ビルマ式社会主義」を打ち出した。ネ・ウィンは1988年の民主化要求デモの責任を取って辞任したが、その後も影響力を持ち続け、2002年に死去した。

評価

太平洋戦争後、日本とミャンマーとは長く友好関係を維持した。ネ・ウィンをはじめとするＢＩＡ出身のミャンマー要人は日本への親しみを持ち続け、ネ・ウィンは訪日のたびに南機関の元関係者と旧交を温めた。こうした日本とミャンマーとの友好関係は、南機関の貢献を基礎として発展してきたとも言える。

一方、南機関員が日本軍の一部門たる本分から逸脱し、ビルマ独立運動に肩入れしすぎたことについては賛否両論がある。また、鈴木大佐らは１９４２年5月にイラワジデルタに居住するカレン族の制圧作戦を指揮しており、今日に続くビルマ族とカレン族との民族対立に関わりがないとは言えない。

ビルマの第33回目の独立記念日に当たる１９８１年1月4日、ビルマ軍事政権は、ビルマ独立に貢献した7名の日本人に対して感謝の意を表し「アウン・サン勲章」を授与した。

その7名とは鈴木敬司の未亡人、杉井満、川島威伸、泉谷達郎、高橋八郎、赤井（旧姓鈴木）八郎、水谷伊那雄で、全員が南機関関係者だった。

（以上、ウィキペディアより引用）

上記に見られるとおり、開戦前から日本軍特務機関はアジア独立に深く関わっていたことは明白なる歴史的事実であり、大日本帝国がその明白なる意志として、アジア地域の解放を志していたことは確実である。侵略、簒奪することのみが意志であったのなら、現地独立派を支援する必要などない。

開戦前からの陸軍特務機関の活躍はアジア解放が左翼の言うような〝後づけ〟ではなかったことを裏づけている。後づけどころか先づけだったのである。

第五章　日本軍アジア独立支援行動経過

開戦からアジア解放・独立までの動き

次に開戦からアジア解放独立までの日本軍の動きを時系列で振り返える。日本軍のアジア独立支援行動を年譜として纏めた。以後、これを日本軍アジア独立支援年譜と呼称する。

もしも、日本軍が戦闘ばかりしていて、占領地域の独立に無関心どころか、白人国家と同様に現地人に対し弾圧ばかりを行っていたのなら、白人国家や左翼が言うとおり、「日本軍の進攻は東南アジアの白人植民地を横取りする事が目的であった」という論理は成り立つであろう。しかし、現実は違った。以下の年譜に纏められたとおり、日本軍は開戦と同時にアジア独立民族派と連携を取り、占領直後から各地域の独立へ向け行動を開始している。

（注）日本軍の作戦面での年表・年譜は多数存在するが、植民地の解放行動に的を絞った年表・年譜は存在しなかった。それゆえ、各国、各独立活動家による独立行動記録から事象をピックアップしてとりまとめた。ウィキペディアからの引用を主としているが、一部はそれ以外のネット情報から引用している。それらの情報源に対し、ここに謝意を表する。

日本軍アジア独立支援年譜

昭和十五年（一九四〇）

南機関など特務機関がアジア各地で独立派への支援を開始。

昭和十五年（一九四〇）三月、日本の大本営陸軍部は、参謀本部付元船舶課長の鈴木敬司大佐に対し、ビルマルート遮断の方策について研究するよう内示を与えた。鈴木はビルマについて調べていくうちにタキン党を中核とする独立運動に着目した。運動が武装蜂起に発展するような事態となれば、ビルマルート遮断もおのずから達成できるであろう。

鈴木は「南益世」の偽名を使ってラングーンに入り、タキン党員と接触した。そこで鈴木はアウン・サンたちがアモイに潜伏していることを知り、彼らを日本に招くことを決意する。アウン・サンたちはアモイの日本軍特務機関員によって発見され日本に到着した。これを契機に陸海軍は協力して対ビルマ工作を推進することを決定し、昭和十六年（一九四一）二月一日、鈴木を機関長とする大本営直属の特務機関「南機関」が発足した。

南機関は、ビルマ独立運動家の青年三十名を国外へ脱出させ、軍事訓練を施し、ビルマへ再潜入させて昭和十六年の夏頃に武装蜂起させるという計画を立てていた。同年二月から六月までの間に、脱出したビルマ青年は予定の三十名に達し、ビルマ青年たちは海南島で軍事訓練を受けた。しかし昭和十六年の夏には、ドイツ軍のソ連進攻や、日本の南部仏印進駐とこれに対するアメリカの対日石油禁輸など、国際情勢の緊迫の度は深まっていった。このような情勢下、ビルマでの武装蜂起の計画にも軍中央から待ったがかけられた。

昭和十六年（一九四一）七月

インド独立工作を担当するＦ機関が結成される。日本の参謀本部は対英戦争の勃発を想定して、マレー半島における英印軍兵士工作に着手。責任者として指名された藤原岩市は、タイのバンコクで極秘にインド独立運動を展開していたインド独立連盟のプリタム・シンに接触するとともに、Ｆ機関を結成した。

昭和十六年（一九四一）十一月

米軍パイロットによる義勇軍〝フライング・タイガーズ〟が蔣介石軍に合流。英国領ビルマのキエダウ英国空軍基地に本拠地を置き、日中戦争に参戦する。

日米開戦は真珠湾ではなく、米国義勇軍参戦により、支那大陸で一足早く開始された。これは事実上、米国による大日本帝国への宣戦布告と見なされる。

米国側の資料ではシェンノート中佐指揮する〝フライング・タイガーズ（空飛ぶ虎部隊）〟は十一：一のキ

藤原岩市中佐と握手を交わすプリタム・シン（昭和17年）

米国陸軍航空隊パイロットからなる戦闘機部隊

フライング・タイガーズ（鈍足鈍重な戦闘機 P-40 と実戦経験不足のパイロットゆえ、その実態は日本軍の敵ではなかった）

ルレシオで日本軍機を撃墜したことになっているが、それは大嘘である。隼やゼロ戦に比べて、鈍足鈍重な戦闘機カーチスP―40と実戦経験不足の米軍パイロットが支那戦線で豊富な実戦経験がある日本軍パイロットに敵うはずはなく、日本軍の敵ではなかった。実際、ほとんど役立たずだったため開戦直後から数ヶ月で解散させられている。シェンノートは米国本国には「数千の日本軍機を撃墜した」という大嘘を報告している。日本軍は数千もの飛行機をビルマ・南支地域に配備したことなどない。存在しない飛行機をどのように撃墜したのかシェンノート中佐にお聞きしたいものである。

昭和十六年（一九四一）十二月七日

午前九時五分：日本軍機がマレー沖で英国側偵察機を撃墜。

昭和十六年（一九四一）十二月八日

午前一時三十分：帝国陸軍、マレーコタバルへ上陸開始。現地マレー人により解放軍として迎えられる。

午前二時四十分：帝国海軍航空部隊が真珠湾に停泊中の米国太平洋艦隊への攻撃を開始。

昭和超帝による宣戦の大詔が発せられる。

午後零時二十分：帝国政府声明を発表「米英からの自国防衛、東亜に於ける米英による暴政の排除（アジア解放・独立）が開戦目的である」ことを明記。

昭和十六年（一九四一）十二月十日

マレー半島東方沖にて、日本海軍の航空部隊（一式陸攻、九六式陸攻）が英国東洋艦隊を殲滅。

戦争名を大東亜戦争と決定。

大東亜戦争という呼称は昭和十六年（一九四一）十二月十日の大本営政府連絡会議によって決定され、同十二月十二日に閣議決定された。閣議決定「今次戰爭ノ呼稱並ニ平戰時ノ分界時期等ニ付テ」は、その第一項で「今次ノ對米英戰爭及今後情勢ノ推移ニ伴ヒ生起スルコトアルヘキ戰爭ハ支那事變ヲモ含メ大東亜戰爭ト呼稱ス」と明記し、「大東亜戦争」の呼称と定義を正式に決定した。

沈没寸前の戦艦プリンス・オブ・ウェールズから避難する英国兵

日本軍の攻撃を受ける戦艦レパルス（上）と戦艦プリンス・オブ・ウェールズ(下)

同日情報局より、「今次の對米英戰は、支那事變をも含め大東亞戰爭と呼稱す。大東亞戰爭と呼稱するは、大東亞新秩序建設を目的とする戰爭なることを意味するものにして、戰爭地域を主として大東亞のみに限定する意味にあらず」と発表され、この戦争はアジア諸国における欧米の植民地支配の打倒を目指すものであると規定した。この方針は昭和十八年（一九四三）十一月の大東亜会議で「再確認」がなされている。

昭和十六年（一九四一）十二月十六日

アウン・サンと同志たちは南機関の支援を得てタイ王国の首都バンコクにてビルマ独立義勇軍を創設。

昭和十七年（一九四二）一月十一日

日本軍はオランダ領のボルネオ島タラカンとセレベス島メナドへの進攻を開始し、翌十二日にオランダと戦争状態である旨の声明を発表。

昭和十七年（一九四二）二月十五日

英国極東戦略の要であるシンガポールが陥落。

投降インド兵であるモハン・シン大尉が藤原岩市大佐の説得に応じて、マレー・シンガポール戦で捕虜となったインド兵によるインド独立を目指す軍の設立に同意しインド国民軍が創立された。

昭和十七年（一九四二）二月十六日

シンガポール陥落に当たって東條首相が談話を発表。インドネシア独立派からも派兵要請があるとしてインドネシア解放を明言する。

昭和十七年（一九四二）二月二十七日

ジャワ沖海戦で連合国軍が敗北する。

昭和十七年（一九四二）二月二十八日

日本軍は二月二十八日の夜半に、大した反撃も受けずにジャワ北岸の四カ所から上陸。ジャワ島マゲランでは、街頭はあっという間に日の丸の小旗で埋って、現地民は〝侵略者〟らを熱狂的に迎え入れ、一緒にお祭り騒ぎを始める（蘭印のいずこでも同じような例がみられた）。

シンガポール戦をともに戦った日本兵とインド兵。
マレー半島攻略戦で捕虜になった英軍インド兵が日本側へ寝返り、インド独立を目指して共にシンガポール攻撃に加わった。

昭和十七年（一九四二）三月五日―七日

日本軍、蘭領ジャワ島バタビア（現ジャカルタ）を占領。

現地オランダ軍降伏後、直ちにスカルノ、ハッタなど独立運動の志士たちを解放。代わりにオランダ官憲を投獄した。

（注）第十六軍司令官今村均はオランダに囚われていたスカルノやハッタらを解放し、民生安定のために民族主義者の協力を要請した。スカルノらもまた民衆総力結集運動を組織し、インドネシアの独立のために日本軍に協力しオランダ軍をはじめとする連合国軍と戦うことを選択した。

モハマド・ハッタ

スカルノ

昭和十七年（一九四二）三月八日

日本軍とアウン・サンが指揮するビルマ独立義勇軍が首都ラングーンを陥落させる。ラングーン占領後、那須義雄大佐を長とする軍政部を設置。

昭和十七年（一九四二）三月十日

インドネシア駐留オランダ軍が帝国陸軍に全面降

伏。全インドネシアを日本軍政下に置く。

ここで日本軍による軍政概要を解説しておく。

オランダによって捕らえられ、流刑先にあったスカルノやハッタらの民族主義運動の指導者を解放し、またナフダトゥル・ウラマーなどイスラーム系諸団体の宗教指導者らに協力を要請し、彼らの指導力を利用して、物的・人的資源の調達をはかろうとした。一方の民族主義運動の指導者たちも、軍政当局によってあたえられた地位を活用して民衆に語りかけ、その民族意識を鼓舞した。そうした活動によって、スカルノらは民族の指導者としての地位を確立していった。

ビルマ戦線で英軍と戦闘中の日本軍

これと同時に日本は、オランダ支配下では迫害されていたイスラム教の存在を認め、イスラム教徒による活動を自由化したほか、オランダによる愚民化政策を受けてこれまで行われていなかった一般国民に対する初等教育から高等教育に至る教育制度の充実を行い、インドネシア語と併せて、オランダ語に代わり日本語による教育を行った。また、軍政当局は東インドにおける兵力不足を解消するために、兵補や郷土防衛義勇軍を設立して、現地住民の子弟たちに軍事教練を施した。これらの軍事教育を受けた青年たちが、次の独立戦争でオランダと戦うインドネシアの軍事組織の中校を形成していくことになった。

その後日本はインドネシアの独立の方針を推し進め、昭和十九年（一九四四）九月にはインドネシア国旗の掲揚と国歌の斉唱を解禁したほか、昭和二十年（一九四五）三月には独立準備委員会を発足させた。同委員会は同年八月十九日にスカルノとハッタ、ラジマンによって独立宣言するという方針を決定し、軍政当局や日本政府もこれを承認した。

昭和十七年（一九四二）五月十三日

ビルマ・マンダレー北方のモゴク監獄から脱出していた独立指導者　バー・モウが日本軍憲兵隊によって発見保護される。

昭和十七年（一九四二）六月二十九日

帝国陸軍省が南方軍に対し東南アジア住民の武装化を指示する（昭和十七年六月二十九日付、大陸指一一九六号）。その結果、東南アジア在住のインド人らによるインド国民軍、アウン・サンらビルマの民族主義者らによるビルマ国民軍が設立された。インドネシア郷土防衛義勇軍の結成は遅れて昭和十八年十月三日となる。

昭和十七年（一九四二）八月一日

バー・モウを行政府長官兼内務部長官としてビルマ中央行政府が設立され、長官任命式が行われた。

ＢＩＡ（ビルマ独立義勇軍）はビルマ作戦が終了した時点で二万三千人に膨張していた。規律は弛緩し、部隊への休養も問題となっていたためＢＩＡは解散された。選抜した人員をもって「ビルマ防衛軍」（ＢＤＡ）が設立された。鈴木大佐（南機関リーダー）は離任。

昭和十七年（一九四二）十一月一日

大東亜省創設。

大東亜省は、大日本帝国の委任統治領であった地域及び同国が大東亜戦争に於いて占領した地域を統治するために置かれた組織である。

大東亜省の概要を見てみよう。東條英機内閣（提案の中心となったのは鈴木貞一企画院総裁）によって、昭和十七年（一九四二）十一月一日に設置される。拓務省が他省庁（興亜院、対満事務局、外務省東亜局及び南洋局）とともに一元化され、官房、参事、総務局、満洲事務局、支那事務局及び南方事務局によって構成される。いわゆる大東亜共栄圏諸国を他の外国とは別扱いとして外務省の管轄から分離させ、日本の対アジア・太平洋地域政策の中心に据える構想であった。

昭和十八年（一九四三）一月

インドネシア　タンゲランにタンゲラン青年道場が開設される。責任者は柳川宗茂陸軍大尉、柳川（当時中尉）は、日本軍のジャワ上陸後バンドンのオランダ軍司令部に乗り込み、寝ていたテルボーデン司令官を叩き起こし、恐怖で足が震えている彼に日本軍は既にバンドンを三方から包囲している。貴下は部下、将兵のため、一刻も速やかに降伏願いたいと迫り、オランダ軍を戦闘することなく降伏させたことで有名である。

タンゲラン青年道場とは何か。占領後、最初に日本軍がとりかかったのが、インドネシアの次代を担う青年への教育と訓練で、そのため、ジャカルタ近郊タンゲランに青年道場を開いた。教官は上記柳川宗茂中尉、土屋競中尉・六川正美中尉他であった。教官たちはあふれる情熱で青年たちの教育に取り組み「独立は自らの力で勝ち取るものである。与えられるものではない。諸君にその力が備わったとき、自ずと独立は成る。要は諸君の努力次第だ」と叱咤激励した。その後祖国防衛義勇軍（ＰＥＴＡ）が結成され、三万八千人の卒業生を送り出した。

柳川宗茂の略歴を紹介する。一九一四年生～一九八六年歿。日本陸軍軍人。陸軍大尉。昭和十五年（一九四〇）陸軍中野学校卒業。昭和十七年（一九四二）二月から三月で蘭印作戦に参加。

同十八年（一九四三）一月にタンゲラン青年道場責任者となる。

戦後復員していたが、昭和三十九年（一九六四）に再びインドネシアへ戻り家族と共にジャカルタに永住、昭和六十一年（一九八六）現地にて永眠した。

昭和十八年（一九四三）三月

アウン・サンが日本に招かれ、わずか二十八歳の若きリーダーと称えられ旭日章を受章。この時期アウン・サンは、「面田紋次」という日本名を名乗る。

Uボートから伊29号潜水艦に移乗して乗組員と記念撮影

下段左から二人目がチャンドラ・ボース、その右隣が伊豆艦長。

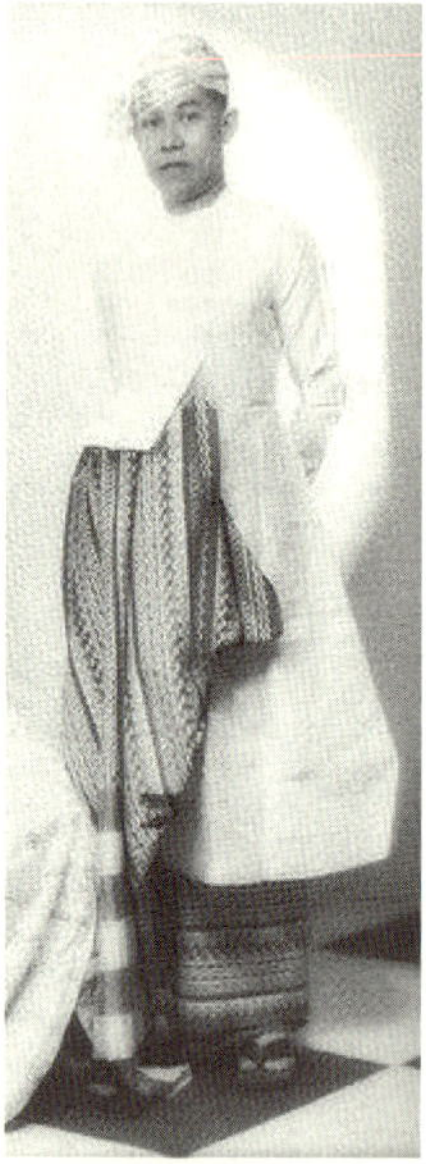

バー・モウ

昭和十八年（一九四三）四月某日

ドイツ亡命中のインド独立の志士スバス・チャンドラ・ボースがドイツ海軍の潜水艦U１８０で密かにフランス大西洋岸のブレストを出航、インド洋マダガスカル沖でUボートから日本海軍の伊号第二十九潜水艦に移乗し、シンガポールで飛行機に乗り換え東京に到着した。

昭和十八年（一九四三）八月一日

バー・モウを首班としてビルマ国が独立。大日本帝国は直ちに承認。アウン・サンをビルマ国国防相に任命。ビルマ防衛軍をビルマ国民軍に改組。ビルマ国が連合国に対して宣戦を布告。

昭和十八年（一九四三）十月三日

インドネシア郷土防衛義勇軍（ＰＥＴＡ〈ペタ〉）の設立が決定される。この決定に先立ち、日本軍政当局はガトット・マンクプラジャ（元インドネシア国民党）ら民族主義運動のリーダーや、イスラム指導者のラデン・ワリ・アリ・ファタらに依頼して、民族軍設立の建白書を提出させた。軍政当局は、こうした現地住民からの要望にこたえるという形をとり、自らの主導によって住民の武装化をすすめるという体裁を避けた。

ペタ設立の正式決定後、その編成の中心メンバーとなったのは、ジャカルタ近郊のタンゲランにあった「青年道場」（インドネシア特殊要員養成隊、隊長：柳川宗成中尉）のインドネシア人青年たちだった。この青年道場は日本の中野学校出身の情報士官らによって設立された機関で、インドネシア人青年にゲリラ戦や情報戦の技術を教育していた。ペタ設立の決定後、この青年たちをボゴールに設立された幹部養成学校（義勇軍錬成隊）に所属させて各種訓練を実施した。そして、この学校の卒業生が中心となって、彼らのそれぞれの故郷で、約五百名規模のペタの大団を結成させた。この大団の下に、中団、小団、分団が組織された。

こうした大団は、昭和十八年（一九四三）末には三十五大団、同十九年（一九四四）八月に

インドネシア郷土防衛義勇軍（PETA）設立の様子

PETA出身のインドネシア共和国第2代大統領スハルト

は二十大団、同年十一月にはさらに十一大団が追加編成された。終戦時には、六十六大団、約三万六千人の規模となっていた。このなかには、旧植民地軍出身で、そこでの実績を買われて小団長に任命されたスハルト（後のインドネシア第二代大統領）の姿もあった。スハルトはその後、中団長に昇進し、インドネシア人士官らの訓練にもあたった。

こうして設立された民族軍ではあっても、占領期間中は日本軍の指揮下に置かれ、軍事訓練等は日本軍の指導の下に実施された。訓練はすべて日本軍の歩兵操典を基準にしておこなわれた。訓練はきびしく、訓練兵のなかには病気になったり死亡したりする例もあった。軍事訓練とともに重視されたのは精神教育であり、そこでは日本軍の軍人勅諭が用いられ、祖国のための自己犠牲の尊さ、闘う勇気などについて、インドネシア人青年は徹底的に教え込まれた。

昭和十八年（一九四三）十月十四日

大日本帝国はホセ・ラウレルを大統領としてフィリピン

自由インド仮政府閣僚

第３代大統領ホセ・ラウレル

第二共和国の独立を認める。

昭和十八年（一九四三）十月二十一日

シンガポールで，インド独立連盟の大会が開催され，自由インド仮政府が樹立，チャンドラ・ボースが首班となった。

昭和十八年（一九四三）十月に成立したネタジ・スバス・チャンドラ・ボース首班の自由インド仮政府閣僚の写真がある。ボースの向かって左は、サハイ（Sahay）大臣秘書官房、右は紅一点ラクシュミ博士（大尉、Dr〈Capt〉Lakshmi Sahgal）で、女性省大臣（Minister of Women's Organisation）に就任。後列右端は、インド国民軍代表グルザーラ・シン中佐（Lt Col Gulzara Singh）。

昭和十八年（一九四三）十一月六日、大東亜会議で自由インド仮政府は、アンダマン・ニコバル諸島を領土として、インド独立を目指すこととなった。

昭和十八年（一九四三）十一月六日

インド国民軍婦人部隊を閲兵するチャンドラ・ボース

大東亜会議（東京）を開催。出席者は以下の通り。
日本：東條英機内閣総理大臣
中華民国（南京）国民政府：汪兆銘行政院長
満洲国：張景恵国務総理大臣
フィリピン共和国：ホセ・ラウレル大統領
ビルマ国：バー・モウ内閣総理大臣
タイ王国：ワンワイタヤーコーン親王
インド：チャンドラ・ボース
インドからは、日本と協力しインド全土のイギリス（イギリス領インド帝国）からの完全独立を目指していた自由インド仮政府首班のチャンドラ・ボースが参加した。
以下に示す大東亜宣言が採択、世界に発表された。

大東亜共同宣言

抑ゝ世界各國ガ各ゝ其ノ所ヲ得、相倚リ相扶ケテ萬邦共榮ノ樂ヲ偕ニスルハ世界平和確立ノ根本要義ナリ。然ルニ米英ハ自國ノ繁榮ノ爲ニハ他國家、他民族ヲ抑壓シ、特ニ大東亞ニ對シテハ飽クナキ侵略搾取ヲ行ヒ、大東亞隷屬化ノ野望ヲ逞シウシ、遂ニハ大東亞ノ安定ヲ根柢ヨリ覆サントセリ。大東亞戰爭ノ原因ココニ存ス。大東亞各國ハ相提携シテ大東亞戰爭ヲ完遂シ、大東亞ヲ米英ノ桎梏ヨリ解放シテ、其ノ自存自衞ヲ全ウシ、左ノ綱領ニ基キ大東亞ヲ建設シ、以テ世界平和ノ確立ニ寄與センコトヲ期ス

一、大東亞各國ハ協同シテ大東亞ノ安定ヲ確保シ、道義ニ基ク共存共榮ノ秩序ヲ建設ス。
一、大東亞各國ハ相互ニ自主獨立ヲ尊重シ互助敦睦ノ實ヲ擧ゲ、大東亞ノ親和ヲ確立ス。
一、大東亞各國ハ相互ニ其ノ傳統ヲ尊重シ、各々民族ノ創造性ヲ伸暢シ、大東亞ノ文化ヲ昂揚ス。
一、大東亞各國ハ互恵ノ下緊密ニ提携シ、其ノ經濟發展ヲ圖リ、大東亞ノ繁榮ヲ増進ス。
一、大東亞各國ハ萬邦トノ交誼ヲ篤ウシ、人種的差別ヲ撤廢シ、普ク文化ヲ交流シ、進ンデ資源ヲ開放シ以テ世界ノ進運ニ貢獻ス。

口語訳

そもそも世界各国が各々其の所を得、相寄り相助けて万邦共栄の楽を共にするは世界平和確立の根本要義なり。然るに英米は自国の繁栄の為には他国家、他民族を抑圧し、特に大東亜に対しては飽くなき侵略搾取を行い、大東亜隷属化の野望を逞しうし、遂には大東亜各国は相提携して大東亜戦争を完遂し、大東亜を英米の桎梏より解放して、その自存自衛を全うし、左の綱領に基き大東亜を建設し、以て世界平和の確立に寄与せんことを期す。

大東亜会議に出席した各国首脳

前列左端がビルマ軍の軍装姿のバー・モウ。続いて、張景恵、汪兆銘、東條英機、ナラーティップ　ポン　プラパン、ホセ・ラウレル、スバス・チャンドラ・ボース

一、大東亜各国は協同して大東亜の安定を確保し、道義に基く共存共栄の秩序を建設す。

一、大東亜各国は相互に自主独立を尊重し互助敦睦の実を挙げ、大東亜の親和を確立す。

一、大東亜各国は相互に其の伝統を尊重し、各々民族の創造性を伸暢し、大東亜の文化を高揚す。

一、大東亜各国は互恵の下緊密に提携し、其の経済発展を図り、大東亜の繁栄を増進す。

一、大東亜各国は万邦との交誼を篤うし、人種的差別を撤廃し、普く文化を交流し、進んで資源を開放し以て世界の進運に貢献す。

インドビルマ国境で万歳三唱する日本兵とインド国民軍将兵

日本軍と共にインパールへ向け進撃するインド国民軍
掲げているのは自由インド仮政府国旗。

昭和十八年（一九四三）十一月二十六日
自由インド仮政府首班チャンドラ・ボースは新たに日本から領土として与えられたアンダマン諸島をシャヒード（殉教者）、ニコバル諸島をスワラージ（自治）と命名した。

昭和十九年（一九四四）三月
インパール作戦開始。
帝国陸軍・インド国民軍・ビルマ国民軍がインドアッサム地方へ進攻、後にインド独立への魁けと成る。
インパール作戦開始直前の昭和十八年（一九四三）末、木庭支隊（第十八師団〈菊兵団〉）はインド国民軍第一連隊第一大隊と英軍を追ってカラダン川上流からインド領へ進入、戦闘はなかったがインド兵は祖国の土を持ち帰るほどの感激ぶりであった。

昭和十九年（一九四四）九月三日
現地日本軍がインドネシア国旗の掲揚と国歌斉唱を許可

ビルマ山岳地帯を行く日本軍象部隊

昭和18年末、休憩時に木庭支隊将校と談笑するインド国民軍将兵、（ユマ半島カラダンにて）

する。

昭和十九年（一九四四）九月七日

内閣総理大臣　小磯國昭が第八十五帝国議会において東インド（インドネシア）の将来的独立を約束する小磯声明を発表する。

小磯声明の原文は「帝国ハ東『インド』民族永遠ノ福祉ヲ確保スル為メ、将来其ノ独立ヲ認メントスルモノナルコトヲ茲ニ声明スルモノデアリマス」である。

口語訳にすると「大日本帝国はインドネシア民族に永遠の福祉を確保するため将来その独立を認めることを此処に宣言します」となる。

当時の日本軍政部の小磯声明への反応として、占領期ジャワにおける軍政監部総務部企画課の政務班長の職にあった斎藤鎮男は、「住民の民度亦相当低度であるにもかかわらず、此の地に独立が認容せられたと云うことは、世界史上将に驚嘆に価するものであり、大日本帝国の国是が如何に道義的にして、大東亜戦争の目的が如何に神聖であるかの証であるとし、インドネシア人を鍛錬し、指導するのが日本に課せられた使命である」と語っている。

また、小磯声明を受けて、海軍武官府では、代表の前田精少将を中心として独自に「独立養成塾」が設置され、その運営のすべてがインドネシア人に委ねられることになり、西部ジャワの貴族出身の弁護士で、独立後の初代外務大臣となったスバルジョが代表に就任した。この養成塾では、民族主義者が集い、スカルノが政治史、ハッタが経済学、シャフリルがアジア史と社会主義の講義を担当するなど、活発な議論が交わされた。また、バリ島では三浦襄が独立に向けて奔走した。しかし、日本軍部の主流派は、日本人が大愛を以て、この民度の低い民族を導く以外に独立はあり得ないと判断しており、インドネシア人による独立に向けた活動をなかなか認めようとしなかった。そこで、スカルノらは、民族主義勢力の圧力を背景に、慎重な態度ながらも、インドネシア独立準備委員会の設置をたびたび、日本軍へ訴えることになった。そして、昭和二十年（一九四五）三月、インドネシアに対して独立準備調査会の設置を発表することになった（正式の発足は五月）。

この独立準備調査会のなかでは、スカルノやハッタらが中心となって独立後の憲法を審議し、昭和二十年（一九四五）七月十七日の日本政府によるインドネシア独立方針の決定を受け、八月七日には、ついにスカルノを主席とする独立準備委員会の発足が正式に発表されるに至った。

昭和十九年（一九四四）十月

ペタ創立一周年記念の式典がジャカルタのガンビル広場で盛大に行われた。各地から九十六大団が集った偉容に、インドネシア国民はオランダ時代には想像も及ばない民族の自立に熱狂的に盛り上がり、将兵も観衆も感激に身を震わせた。

昭和十九年（一九四四）十一月一日

スバス・チャンドラ・ボースはインド国民軍の増強や武器供給などを煮詰めるため、十一月一日、三度目の東京訪問をした。十一月三日、日比谷公会堂で『スバス・チャンドラ・ボース閣下大講演会』が催され、ボースは会場を埋めつくした日本人に対し二時間を超える演説を行った。ボースは「自由インド仮政府は東亜にあるインド人の人的・物的資源を総動員して、日本との共同の戦争目的に向って生死をともにしようとしている」ことを強調し、演説が途中で中断されるほどの拍手喝采を受けた。

自由インド仮政府へ日本政府は公使を派遣することを認め、翌年二月、蜂谷輝雄公使がラングーンに赴任した。公使交換により名実ともに自由インド仮政府は独立政権として地位を確立した。

日本政府が自由インド仮政府に対し新たな一億円の借款を内定。東京滞在中、チャンドラ・ボースは失脚した東條前首相を私邸に訪れ歓談し、病の床にあったビハリ・ボースを訪問している。

ビハリ・ボースは、イギリス植民地政府の官吏として、デヘラードゥーンの森林研究所で事務主任を務める一方、インド国民会議に参加し、独立運動に身を投じた（当時の多くの上流階級の子弟がそうしていた）。チャールズ・ハーディング総督暗殺未遂事件や、「ラホール蜂起」の首謀者とされ、イギリス植民地政府に追われ、偽名を使い大正三年（一九一四）に日本に亡命した。日本では東京に住み、故国の独立運動を背後から支援しつつ、先に日本に亡命していたバグワーン・シンの紹介により孫文と親交を結んだ（当時袁世凱と対立し日本に亡命していた）。また、ヘーランバ・ラール・グプタの紹介により大川周明とも親交を結んだ。

当時大英帝国と同盟関係にあった日本は、イギリス政府の要求により来日してわずか四ヶ月のボースに国外退去を命令する。頭山満や犬養毅、内田良平などのアジア独立主義者たちはこれに反発し、新宿中村屋の相馬愛蔵によってボースをかくまわせることを工作。その後四ヶ月間、ボースは中村屋のアトリエに隠れて過ごしている。

ビハリ・ボース

やがて頭山らの働きかけもあり、大正四年（一九一五）に日本政府はボースの国外退去命令を撤回した。しかしイギリス政府による追及の手は大正七年（一九一八）末まで続き、日本各地を転々とした。大正七年にボースはかねてから恋仲にあった相馬夫妻の娘、俊子と結婚し、大正十二年（一九二三）には日本に帰化した。俊子との間には二人の子供をもうけたものの、俊子は昭和三年（一九二八）に二十八歳の若さで亡くなっている。

チャンドラ・ボースの訪問に対しビハリ・ボースはこのときチャンドラ・ボースの手を握り、「ネタジよ、君の力で私の生涯の悲願だったインド独立を達成して欲しい」と涙を流して告げた。病床のビハリ・ボースはその二ヶ月後に亡くなっている。さらに、マレー、シンガポールなどの優秀なインド人青少年からボース自身が選び、将来のインド国民軍の幹部として日本に学んでいた留学生を陸軍士官学校や航空士官学校に訪れ、「ビルマ戦線に加わりたい」という留学生たちに、「諸君はまだ幼いのだから落ち着いて勉強しなさい。それがやがて祖国に役立つ日が必ず来る」とさとしている。つけ加えれば、このインド人留学生と日本人の結びつきが、後に日本のスバス・チャンドラー・ボース・アカデミーの設立、アカデミーの長い活動の原点となっている

昭和十九年（一九四四）十二月後半

チャンドラ・ボース一行五名は、自由インド仮政府領土となったアンダマン諸島を訪問した。

昭和十九年（一九四四）十二月某日

フィリピンでは比島愛国同志会（ＭＡＫＡＰＩＬＩ）が明治三十二年（一八九九）に対米独立戦争が発生したときの英雄であるアルテミオ・リカルテを幹部として昭和十九年（一九四四）十二月に結成された。

昭和二十年（一九四五）二月十四日

ジャワ東部でブリタル反乱が発生した。日本の敗色が濃くなっていた昭和二十年二月十四日深夜、ジャワ東部のブリタルで、ペタの大団が反日蜂起を起こした。それに先立つ昭和十九年（一九四四）二月には米の強制供出や労務者問題に反発して、ジャワ西部・プリアンガン州のシンガパルナ村で、イスラーム指導者に率いられた農民蜂起が起こり、日本人憲兵三人が殺害された（逮捕者八百人超、指導者ムストファら二十三人は処刑された）。こうした反日抵抗運動は昭和十九年（一九四四）以降に続発するようになるが、そのなかでもブリタル反乱は、日本が軍事教練を施した軍事組織が公然と蜂起した点で、軍政当局に与えた影響も小さくなかった。

この反乱事件では四人の日本人が殺害されたが、すぐに鎮圧され、反乱に関与したとして六人の兵士が処刑された。

ラオス王国、国王シーサワーン・ウォン

昭和二十年（一九四五）三月

大日本帝国陸海軍政当局がスカルノ、ハッタら独立指導者にインネシア独立準備委員会の設立を命じる。

昭和二十年（一九四五）三月九日

在仏印日本軍が「明号作戦」を発動、フランス植民地政府を解体（仏印処理）バオ・ダイを皇帝としてベトナム帝国を独立させる。

昭和二十年（一九四五）四月八日

現地日本軍は、シーサワーン・ウォンを国王としてラオス王国を独立させる

当時のラオスは、交通不便な山地であったため、日本側の外交官渡辺耐三がラオス王宮にたどり着いたのは三月二十日頃、渡辺は、国王にフランス軍を駆逐したことを伝えたが、シーサワーン・ウォンは当初はこれを信じなかった。しかし、四月七日に日本軍部隊の姿を見るに到って、漸く領事の言を信じ、翌八日に「独立宣言」を発した。

昭和二十年（一九四五）五月
井川省が独立混成第三十四旅団参謀としてフエに着任した。まもなく地元のベトミン組織とひそかに相互不可侵の協定を結んだ。

昭和二十年（一九四五）八月六日
米軍が広島に原爆投下する。

昭和二十年（一九四五）八月九日
米軍が長崎に原爆投下する。

初代ベトナム民主共和国首相
ホー・チ・ミン

ソ連が対日参戦する。

昭和二十年（一九四五）八月十三日
大日本帝国陸海軍政当局はスカルノ、ハッタらへ八月十五日に大日本帝国軍が降伏するので、降伏後直ちに独立宣言をするよう指示する。
ベトミン指導者のホー・チ・ミンは日本軍筋より八月十五日に日本軍が降伏予定であるとの

情報を取得、ベトナム全土のベトミンにたいし一斉蜂起を指示する。

昭和二十年（一九四五）八月十四日

ベトナム駐留日本軍がベトナム皇帝バオ・ダイに対し、翌日八月十五日、日本軍は連合国に降伏する旨通告する。

昭和二十年（一九四五）八月十五日

昭和超帝による終戦の詔書が発せられる。以下に全文を記す。

朕深ク世界ノ大勢ト帝國ノ現状トニ鑑ミ非常ノ措置ヲ以テ時局ヲ收拾セムト欲シ茲ニ忠良ナル爾臣民ニ告ク

朕ハ帝國政府ヲシテ米英支蘇四國ニ對シ其ノ共同宣言ヲ受諾スル旨通告セシメタリ

抑丶帝國臣民ノ康寧ヲ圖リ萬邦共榮ノ樂ヲ偕ニスルハ皇祖皇宗ノ遺範ニシテ朕ノ拳々措カサル所曩ニ米英二國ニ宣戰セル所以モ亦實ニ帝國ノ自存ト東亞ノ安定トヲ庶幾スルニ出テ他國ノ主權ヲ排シ領土ヲ侵スカ如キハ固ヨリ朕カ志ニアラス然ルニ交戰已ニ四歳ヲ閲シ朕カ陸海將兵ノ勇戰朕カ百僚有司ノ勵精朕カ一億衆庶ノ奉公各丶最善ヲ盡セルニ拘ラス戰局必スシモ好轉セス世界ノ大勢亦我ニ利アラス加之敵ハ新ニ殘虐ナル爆彈ヲ使用

シテ頻ニ無辜ヲ殺傷シ惨害ノ及フ所眞ニ測ルヘカラサルニ至ル而モ尚交戰ヲ繼續セムカ終ニ我カ民族ノ滅亡ヲ招來スルノミナラス延テ人類ノ文明ヲモ破却スヘシ斯ノ如クムハ朕何ヲ以テカ億兆ノ赤子ヲ保シ皇祖皇宗ノ神靈ニ謝セムヤ是レ朕カ帝國政府ヲシテ共同宣言ニ應セシムルニ至レル所以ナリ

朕ハ帝國ト共ニ終始東亞ノ解放ニ協力セル諸盟邦ニ對シ遺憾ノ意ヲ表セサルヲ得ス　帝國臣民ニシテ戰陣ニ死シ職域ニ殉シ非命ニ斃レタル者及其ノ遺族ニ想ヲ致セハ五内爲ニ裂ク且戰傷ヲ負ヒ災禍ヲ蒙リ家業ヲ失ヒタル者ノ厚生ニ至リテハ朕ノ深ク軫念スル所ナリ惟フニ今後帝國ノ受クヘキ苦難ハ固ヨリ尋常ニアラス爾臣民ノ衷情モ朕善ク之ヲ知ル然レトモ朕ハ時運ノ趨ク所堪ヘ難キヲ堪ヘ忍ヒ難キヲ忍ヒ以テ萬世ノ爲ニ太平ヲ開カムト欲ス

朕ハ茲ニ國體ヲ護持シ得テ忠良ナル爾臣民ノ赤誠ニ信倚シ常ニ爾臣民ト共ニ在リ若シ夫レ情ノ激スル所濫ニ事端ヲ滋クシ或ハ同胞排擠互ニ時局ヲ亂リ爲ニ大道ヲ誤リ信義ヲ世界ニ失フカ如キハ朕最モ之ヲ戒ム宜シク擧國一家子孫相傳ヘ確ク神州ノ不滅ヲ信シ任重クシテ道遠キヲ念ヒ總力ヲ將來ノ建設ニ傾ケ道義ヲ篤クシ志操ヲ鞏クシ誓テ國體ノ精華ヲ發揚シ世界ノ進運ニ後レサラムコトヲ期スヘシ爾臣民其レ克ク朕カ意ヲ體セヨ

傍点部分は陛下が共にアジア解放のために戦ったアジア同胞へアジア解放が未完成に終

わった事を陳謝したものである。口語訳すると「私は大日本帝国と共にアジア解放のために戦ったアジアの盟友たちに対し、解放を完成できなかった事に遺憾の意（陳謝）を表明せざるを得ない」となる。

昭和二十年（一九四五）八月十七日
インドネシアが独立を宣言、スカルノが初代大統領に就任。以降アジア独立運動は現地民族軍と残留日本兵が担当する期間に突入する。

昭和二十年（一九四五）八月十七日
ベトナム独立同盟会（ベトミン）が一斉蜂起、皇帝バオ・ダイを説得して権力奪取に成功。現地日本軍はあえて事態を放置する。

昭和二十年（一九四五）八月十九日
現地日本軍ペタ（ＰＥＴＡ）を解散。
日本の敗戦後、連合国側からインドネシアでの武装解除、現状維持、治安維持を厳命された日本軍は、昭和二十年（一九四五）八月十九日付でペタを解散した。しかし、ジャカルタのペタの元将兵らは、それぞれ帰郷するなどしたものの、その他の各地の元ペタ将兵らは組織と装備を維持しつつ、インドネシアの独立宣言後の正規軍編成の呼びかけに応じ、初期のインドネシア国軍の将校団の一部を構成した。彼らは専門の軍事教育を受けた職業軍人として、オランダとの独立戦争で重要な役割を演じた。後にインドネシアの第二代大統領となる若き日のスハルトもそのようにして正規軍に加わり、優秀な野戦指揮官として、軍内で頭角を現していった。

昭和二十年（一九四五）八月二十六日
ホー・チ・ミンがハノイに入る。

昭和二十年（一九四五）八月三十日
ベトナム皇帝バオ・ダイが「退位勅書」を発し退位を宣言。
現地日本軍はあえて事態を放置。

昭和二十年（一九四五）九月二日
大日本帝国政府がポツダム宣言受諾文書（降伏文書）に調印。以後民族独立運動は残留日本義勇兵独立支援期間に突入する。
ホー・チ・ミンがハノイにてベトナム民主共和国の独立を宣言。同時にベトナム王国が崩壊。

昭和二十年（一九四五）九月二十一日

フランス軍がベトナム再植民地化のため南部サイゴン（現ホーチミン市）に進駐、以後ベトミン軍との武力衝突が多発する。

昭和二十年（一九四五）十月十五日―十九日

スマラン事件が発生する。

スマラン事件とは、第二次世界大戦直後の昭和二十年（一九四五）十月十五日から十九日にかけてジャワ島スマランで起きた旧日本軍とインドネシア独立派の間の武力衝突事件である。

日本軍の武器は連合国による武装解除まで日本軍が所持、また日本軍が英蘭軍進駐まで現地の治安維持に当たる事になっていたが、独立宣言後、英蘭との独立戦争は必至と見ていたペタ出身者を中心とするインドネシア独立軍は日本軍が所持する武器の引き渡しを再三に渡って要求した。スマラン駐留日本軍は武器引き渡しを拒否していたが、最終的にインドネシア側が武力奪還を試み、スマラン事件が勃発した。インドネシア側に千～二千人、日本側にも二百人近い死者が出た。インドネシアでは五日間戦争として知られる。この事件以後、日本軍は独立派への武器引き渡しを黙認する姿勢を取る。

一連の騒乱の過程で、ジャワ島の旧日本軍武器のうち小銃類四万丁などがインドネシア独立派の手に渡った。スラバヤなどで正規に引き渡されたもののほか、強奪されたものや、密かに日本軍が横流ししたものなどがある。一説にはジャワ島の旧日本軍の所有兵器全体の三分の二から四分の三を独立派が入手したと言われる。これらはイギリス軍とのスラバヤの戦いなどで主要な武器として使用されることになった。

昭和二十年（一九四五）十月二十五日

インドネシア・スラバヤにて独立戦争勃発。

インドネシア独立軍が使用した旧日本軍戦車（95式軽戦車）

日本軍降伏後、スラバヤを再占領した英軍に対しインドネシア住民が武装蜂起、日本軍から引き渡された武器を使用し、残留日本義勇兵の協力もあり、英軍に死傷千三百七十七名、そのうち戦死は四百七名、行方不明百六十二名の大損害を与え、インドネシアからの英軍撤退の切っ掛けとなった。インドネシア側の損害は軍民合わせて死者五千から二万人と見られている。以後独立戦争は昭和二十四年（一九四九）十二月二十七日のインドネシア連邦共和国独立までの四年以上にわたって継続、インドネシア側の死者は八十万人に上る。二千人の残留日本義勇兵が参加、半数が戦死する。
日本軍は意図的に武器をインドネシア独立軍へ横流しした。

昭和二十年（一九四五）十一月

フランス軍がベトナム北部ハノイに進駐。

昭和二十一年（一九四六）四月二十日

残留日本義勇兵の井川省《いがわせい》がベトナム中部プレイクにてベトミン軍と共にフランス軍と交戦中に戦死。

（注）井川省（大正二年〈一九一三〉四月十四日―昭和二十一年〈一九四六〉）は日本の陸軍軍人で、最終階級は陸軍少佐。日本の敗戦後にベトナム独立のためにインドシナ戦争に参加して戦死した。

経歴は次の通り。茨城県出身で小学校校長・井川省三の二男として生まれる。水戸中学校を経て、昭和十年（一九三五）六月、陸軍士官学校（四十七期）を卒業し、同年九月、騎兵少尉任官・騎兵第八連隊付となる。昭和十二年（一九三七）八月、騎兵中尉に昇進。昭和十三年（一九三八）七月、騎兵第四旅団戦車隊付となり、昭和十四年（一九三九）八月、騎兵大尉に進級。昭和十五年（一九四〇）十二月、捜索第四十八連隊付となり、大東亜戦争を迎える。

昭和十七年（一九四二）十二月、陸軍少佐に昇進し第十九軍参謀部付としてモルッカ諸島に赴任。昭和二十年（一九四五）三月、南方軍総司令部付となり仏印に赴任し終戦を迎えた。

昭和二十一年（一九四六）三月二十一日に離隊しベトミン軍に参加した。

昭和二十年（一九四五）五月、フエに着任し、まもなく地元のベトミン組織とひそかに相互不可侵の協定を結んだ。

フエの旧王宮には独立混成第三十四旅団が明号作戦で仏印軍から押収した大小の武器数千点と弾薬が保管されていた。日本敗戦の直後、井川少佐は部下の中原光信少尉に命じて、保安部隊に保管所を開錠させた上で撤収の号を下し、無人化するという間接的な方法でベトミンに武器を提供した。

中華民国軍による武装解除ののち、ダナン西方の高原保養地バナーに第三十四旅団の自主キャンプを設営し、旅団主力部隊の将兵を自活させる措置（農業経営など）を講じた。少数の部下とともにフエの司令部にとどまり、やがてベトナム民主共和国（北ベトナム）中央から南部抗戦委員会主席兼第五戦区長として派遣されてきたグエン・ソン将軍と親交を結んだ。グエン・ソンからはベトナム名レ・チ・ゴが与えられている。

井川は歩兵操典などの日本軍の教本をベトミンのために仏訳するとともに、ベトミンの対仏戦略・戦術や兵員訓練に関する指針を執筆している。また、中・小隊長級のベトミン軍幹部に軍事教育を施す一方、ベトミン軍の採るべき戦術についてグエン・ソンと日常的に意見を交わしていた。

昭和二十一年（一九四六）、井川少佐は防戦指導のため、ジープを運転し、数十人のベトミン兵を率いて中部高原の要衝プレイクへ通ずる国道（山道）の中間地点で仏軍の待ち伏せ攻撃に遭った。一行の中にいた少年兵ファン・タイン（のち人民軍少将）によると、井川少佐は人為的な倒木が道を塞いでいるのを見てジープを止め、ピストルを構えて下車し、後続のトラックに乗っていたベトミン兵全員に退避を命じた。その瞬間、前方から仏軍の機銃弾が殺到、井川少佐は兵士数人とともに戦死した（享年三十三）。フランスの軍関係資料では、井川少佐の死体からはベトミンの採るべき戦術に関するメモが発見された。そのメモにはフランス軍部隊の最弱点部分をドリル的に攻撃して相手を混乱状態に陥れる「特攻班」の育成計画が記されていたという。井川の死後に設立されるクァンガイ陸軍中学は、井川少佐の意志をうけて中原光信少尉が設立を提言したともされている。

井川は死後に勲五等瑞宝章を受け、戦死者として靖国神社に祀られている。戦死の日付は、実際の戦死の日より二ヶ月も遅い昭和二十一年（一九四六）六月二十日となっている。

昭和二十一年（一九四六）六月一日

ベトナム・クァンガイ省クァンガイにクァンガイ陸軍中学が設立される。教官は全員残留日本義勇兵。

クァンガイ陸軍中学は、ベトナム独立戦争中の昭和二十一年（一九四六）六月一日にベトナム・クァンガイ省クァンガイにグエン・ソン将軍を校長とし、第五戦区上級軍事幹部ドアン・クエを政治委員として設立されたベトナム初の本格的な陸軍士官学校である。

近代戦の知識と技術を持つ中・上級幹部の不在に苦しんでいたベトナム衛国軍（昭和二十二年〈一九四七〉から人民軍）のホアン・ヴァン・タイ（ベトナム語版）総参謀長が戦争の長期化を予想して、それまでの短期教育（一ヶ月程度）では不十分と考えて設立を計画したものとされている。また、戦死した井川省少佐（ベトナム名レ・チ・ゴー）の遺志に沿って中原光信少尉がグエン・ソン将軍に進言し、ホアン・ヴァン・タイ参謀総長に要請したともされている。同時期にソンタイにもチャン・クォック・トアン武備学校も設立された。

クァンガイ陸軍中学の生徒は、部隊または共産党支部の推薦を受けた中学校（少数民族は小学校）卒業または実戦経験のある者で入学試験に合格した十代後半から二十代前半の四百人の男子であった。

生徒は四つの大隊に分かれ、各大隊には指導教官一名、助教官一名、通訳一～二名が配属された。教官は教練（実技指導を伴う講義）を担当、副教官は指導内容の実演（戦闘における動作など）や戦場生活に必要な雑知識の伝授を担当した。教官・助教官と医務官は全員旧日本陸軍将校・下士官で構成された。

第一大隊

教官　谷本喜久男少尉（ベトナム名ドン・フン、独立混成第三十四旅団情報将校）
副教官　青山浩軍曹
第二大隊
教官　中原光信少尉（グエン・ミン・ゴック、独立混成第三十四旅団情報将校）
副教官　大西某（通称クァン）
第三大隊
教官　猪狩和正中尉（ファン・ライ、第二師団歩兵第二十九連隊第三大隊第九中隊長）
副教官 柳沼利伝治上等兵（ヴァン、第二師団歩兵第二十九連隊）
第四大隊
教官　加茂徳治中尉（ファン・フエ、第二師団歩兵第二十九連隊第三大隊第九中隊第二小隊長）
副教官　峰岸貞意兵長（チャン・クォック・ロン、第二師団歩兵第二十九連隊）
医務官　酒井秀雄上等兵（レ・チュン、第二師団野砲兵第二連隊）

クァンガイには石井卓雄少佐によって、民兵出身の小・中隊長級指揮官に再訓練を施すクァンガイ軍政学校も設立されている。トイホア付近のナンソン村にもクァンガイ陸軍中学を模倣して、石井卓雄少佐を中心とした日本人教官によってトイホア陸軍中学が設立されている。

昭和二十一年（一九四六）十二月十九日

復帰した仏軍がハノイにてベトミン軍を攻撃、第一次インドシナ戦争が始まる。

昭和二十二年（一九四七）八月十七日

インド共和国、パキスタンが独立。

昭和二十四年（一九四九）八月十七日二十三日—十一月二日

ハーグ円卓会議開催、オランダがインドネシアの独立を認める。

昭和二十四年（一九四九）十二月二十七日

インドネシア連邦共和国が独立。

昭和二十五年（一九五〇）八月十七日

ベトナム残留日本義勇兵の石井卓雄（帝国陸軍少佐、クァンガイ軍政学校教官、トイホア陸軍中学教官、ベトナム名：チャン・チ・ズン）がベトナム南部でフランス軍と交戦中に戦死。

（注）石井卓雄《いしいたくお》は日本の陸軍軍人で、最終階級は陸軍少佐。日本の敗戦後にベトナム独立のためにベトナム独立戦争に参加して戦死した。グエン・ソン将軍の軍政顧問。クァンガイ軍政学校教官。トイホア陸軍中学教官。ベトナム独立戦争時には、「花谷」「チャン・チ・ズ

ン」「トン」を名乗ていった。

広島県福山市で石井久雄の長男として生まれる。大阪府立今宮中学、陸軍予科士官学校を経て、昭和十五年（一九四〇）二月、陸軍士官学校（五十三期）を卒業。同年五月、騎兵少尉に任官し騎兵第十一連隊留守隊付となる。昭和十六年（一九四二）八月、陸軍中尉に昇進。同年十一月、第五十五師団隷下の騎兵第五十五連隊中隊長に就任し大東亜戦争を迎える。ビルマの戦いに従軍。昭和十八年（一九四三）十二月、陸軍大尉に進級。昭和二十年（一九四五）三月、第五十五師団参謀部付将校となり、六月には陸軍少佐に昇進。七月、第五十五師団は第三十八軍隷下となり連合国軍のインドシナ進攻に備えてビルマ戦線からカンボジアへ移動。プノンペンで敗戦を迎える。当時の日本陸軍最年少の佐官将校であった。

終戦後、石井は第五十五師団の有志とともにベトナム独立戦争に参加する旨を師団司令部に報告すると、師団司令部は了解するとともに送別会を開いて送りだした。昭和二十年（一九四五）十月、兼利俊英少佐（第五十五師団歩兵第百四十四連隊第二大隊長）を始めとする将校・下士官兵とともにトラックでベトナム南部に潜入した。ソクチャン市でベトナム民主共和国（北ベトナム）南部抗戦委員会に迎え入れられると、ロンスエン市ではその地方の日本人志願兵を集めた。一方で、他国における独立戦争に加わるのは職業軍人の任務であるとして、日本に家族を残している召集兵たちに対しては帰国させるべく説得を行った。

昭和二十一年（一九四六）五月、石井はクァンガイ市に移り、グエン・ソン将軍が第五軍区のクァンガイ陸軍中学に続いて設立したクァンガイ軍政学校の教官に就任し、日本軍兵補出身者を含む実戦経験を持つベトミンの小中級幹部たちに軍事指導を行った。石井の助教官としては高野義雄准尉（第二師団歩兵第二十九連隊）が務めた。また、クァンガイ省内では下士官養成学校の責任者も務めた。また、第五軍区のトイホア陸軍中学の中心人物となっている。さらに、トイホアやニンホアでは民兵やゲリラの訓練を行った。

昭和二十三年（一九四八）末、もしくは同二十四年（一九四九）には、ベトナム民主共和国（北ベトナム）南部委員会代表団が北部から帰るに際してクァンガイから大隊を率いて同行した。昭和二十三年（一九四八）後半からフランス軍の北上によってクァンガイ地方が戦場になると、石井は第三百八小団（大隊）顧問を務めることになった。第三百八小団は、石井の指導により、「どこでも勝てる第三百八小団」という歌がベトナム中部全域で流行るほどの精強部隊となった。昭和二十四年（一九四九）には、ベトナム民主共和国（北ベトナム）の中央はベトナム北部のヴェトバックを包囲するフランス軍の兵力を分散させるために、フランス軍の鉄壁の地であるベトナム南部に対してベトナム中部の精鋭部隊を投入する戦役を展開した（ザウティエン戦役）。石井はベトナム民主共和国（北ベトナム）南部抗戦委員会の指示で、フランス軍の後方攪乱を目的として南下するベトミン軍大隊（日本軍中隊相当）の顧問として同行した。この中隊はクァンガイ省で編成され「バ・ズン大隊」と呼称されており、日本兵約二十名が中核となっていた。

昭和二十五年（一九五〇）五月二十日、ベトナム南部でフランス軍と交戦中に、石井は大山准尉とともにフランス軍が仕掛けた地雷によって戦死したとされている。

石井は死後に戦歿者として靖国神社に祀られている。また、アメリカ合衆国によるベトナム戦争が始まる前には、独立戦争時に石井の部下であった大作信一と市川洋吉により、石井を顕彰する石碑がサイゴン（現在のホーチミン市）に建立された。石碑は後に香川県善通寺市の陸上自衛隊第二混成団（現在の第十四旅団）本部の敷地内に移設されている。

昭和二十九年（一九五四）三月―五月

ディエンビエンフーの戦いが起こる。ディエンビエンフーの戦いは、昭和二十九年（一九五四）三月から五月にかけて、ベトナム北西部のディエンビエンフーで起こった。第一次インドシナ戦争中最大の戦闘である。ベトナム軍とフランス軍合わせて約一万人の戦死者を出した。同戦争の大きな転機となり、フランスはベトナム撤退を余儀なくされることになる。

昭和三十年（一九五五）四月十八日

バンドン会議が開催された。戦後白人植民地または白人保護国から独立したアジア・アフリカ諸国二十八ヶ国と日本国が参加した。

平和十原則の正式名称は世界平和と協力の推進に関する宣言で、バンドン十原則（ダサ・シラ・バントン）とも呼ばれている。

一　基本的人権と国連憲章の趣旨と原則を尊重する。
二　全ての国の主権と領土保全を尊重する。
三　全ての人類の平等と大小全ての国の平等を承認する。
四　他国の内政に干渉しない。
五　国連憲章による単独または集団的な自国防衛権を尊重する。
六　集団的防衛を大国の特定の利益のために利用しない。また他国に圧力を加えない。
七　侵略または侵略の脅威・武力行使によって、他国の領土保全や政治的独立をおかさない。
八　国際紛争は平和的手段によって解決する。
九　相互の利益と協力を促進する。
十　正義と国際義務を尊重する。

スカルノによる感謝の言葉を記した石碑（東京青松寺）

昭和三十三年（一九五八）八月十五日

訪日したインドネシア　スカルノ大統領

は、日本へ感謝の意を表し、独立戦争で特に貢献した市来龍夫と吉住留五郎に対し感謝の言葉を贈った。

「市来龍夫君と吉住留五郎君へ。独立は一民族のものならず全人類のものなり。一九五八年八月十五日東京にて。スカルノ」

後づけ論こそ後づけである

「日本軍アジア独立支援年譜」が示すとおり、大日本帝国は開戦後どころか開戦前からアジア独立支援を開始し、開戦から終戦にかけて半年に一ヶ国の割合で計七ヶ国を独立ないし独立を宣言させ、さらに戦後は残留日本義勇兵がベトナム、インドネシアで独立支援を行っていたことが明らかとなった。

日本共産党とGHQ、白人国家は大日本帝国を悪者であり侵略者であると決めつけ、アジア解放など「負けが込んでからの後づけ」であると断定したが、その断定こそが捏造であり、「後づけ論こそ後づけである」ことが論理的に証明された。

また、上記年譜が示している事実は「一九四五年八月十五日は日本人にとっては終戦であったが、アジア現地民族軍と独立軍に請われて残留した日本兵にとっては戦中に日本軍から与えられた独立を守るための独立維持戦争の開戦記念日であった」という史実である。

第六章　帝国政府声明と終戦の詔書が一線に繋がった

終戦の詔書

日本共産党の歴史観によく登場するのが、〝アジア解放後づけ論〟である。即ち、左翼の言い分は次の通りである。

「〝アジア解放〟云々などは昭和十八年以降、戦場で負けが込んできたため、開戦を正当化するために持ちだしてきた言い訳に過ぎない。第一、陛下が発せられた開戦の詔書にはアジア解放の文字など見あたらないのに、終戦の詔書にはいきなりアジア解放の文言が登場する。その事実が〝アジア解放〟など後づけであったことを証明している」

それでは、昭和超帝が昭和二十年八月十四日に発せられた「終戦の詔書」を再び見てみよう。

朕深ク世界ノ大勢ト帝國ノ現狀トニ鑑ミ非常ノ措置ヲ以テ時局ヲ收拾セムト欲シ茲ニ忠良ナル爾臣民ニ告ク朕ハ帝國政府ヲシテ米英支蘇四國ニ對シ其ノ共同宣言ヲ受諾スル旨通告セシメタリ

抑〻帝國臣民ノ康寧ヲ圖リ萬邦共榮ノ樂ヲ偕ニスルハ皇祖皇宗ノ遺範ニシテ朕ノ拳々措カサル所曩ニ米英二國ニ宣戰セル所以モ亦實ニ帝國ノ自存ト東亞ノ安定トヲ庶幾スルニ出テ他國ノ主權ヲ排シ領土ヲ侵スカ如キハ固ヨリ朕カ志ニアラス然ルニ交戰已ニ四歳ヲ

閲シ朕カ陸海將兵ノ勇戰朕カ百僚有司ノ勵精朕カ一億衆庶ノ奉公各〻最善ヲ盡セルニ拘ラス戰局必スシモ好轉セス世界ノ大勢亦我ニ利アラス加之敵ハ新ニ殘虐ナル爆彈ヲ使用シテ頻ニ無辜ヲ殺傷シ慘害ノ及フ所眞ニ測ルヘカラサルニ至ル而モ尚交戰ヲ繼續セムカ終ニ我カ民族ノ滅亡ヲ招來スルノミナラス延テ人類ノ文明ヲモ破却スヘシ斯ノ如クムハ朕何ヲ以テカ億兆ノ赤子ヲ保シ皇祖皇宗ノ神靈ニ謝セムヤ是レ朕カ帝國政府ヲシテ共同宣言ニ應セシムルニ至レル所以ナリ

朕ハ帝國ト共ニ終始東亞ノ解放ニ協力セル諸盟邦ニ對シ遺憾ノ意ヲ表セサルヲ得ス帝國臣民ニシテ戰陣ニ死シ職域ニ殉シ非命ニ斃レタル者及其ノ遺族ニ想ヲ致セハ五内爲ニ裂ク且戰傷ヲ負ヒ災禍ヲ蒙リ家業ヲ失ヒタル者ノ厚生ニ至リテハ朕ノ深ク軫念スル所ナリ惟フニ今後帝國ノ受クヘキ苦難ハ固ヨリ尋常ニアラス爾臣民ノ衷情モ朕善ク之ヲ知ル然レトモ朕ハ時運ノ趨ク所堪ヘ難キヲ堪ヘ忍ヒ難キヲ忍ヒ以テ萬世ノ爲ニ太平ヲ開カムト欲ス

朕ハ茲ニ國體ヲ護持シ得テ忠良ナル爾臣民ノ赤誠ニ信倚シ常ニ爾臣民ト共ニ在リ若シ夫レ情ノ激スル所濫ニ事端ヲ滋クシ或ハ同胞排擠互ニ時局ヲ亂リ爲ニ大道ヲ誤リ信義ヲ世界ニ失フカ如キハ朕最モ之ヲ戒ム宜シク擧國一家子孫相傳ヘ確ク神州ノ不滅ヲ信シ任重クシテ道遠キヲ念ヒ總力ヲ將來ノ建設ニ傾ケ道義ヲ篤クシ志操ヲ鞏クシ誓テ國體ノ精華ヲ發揚シ世界ノ進運ニ後レサラムコトヲ期スヘシ爾臣民其レ克ク朕カ意ヲ體セヨ

口語文にすると次のようになる。

私は、深く世界の大勢と日本国の現状とを振返り、非常の措置をもって時局を収拾しようと思い、ここに忠実かつ善良なあなたがた国民に申し伝える。

私は、日本国政府から米、英、中、ソの四国に対して、それらの共同宣言（ポツダム宣言）を受諾することを通告するよう下命した。

そもそも日本国民の平穏無事を図って世界繁栄の喜びを共有することは、代々天皇が伝えてきた理念であり、私が常々大切にしてきたことである。先に米英二国に対して宣戦した理由も、本来日本の自立と東アジア諸国の安定とを望み願う思いから出たものであり、他国の主権を排除して領土を侵すようなことは、もとから私の望むところではない。

ところが交戦はもう四年を経て、我が陸海将兵の勇敢な戦いも、我が多くの公職者の奮励努力も、我が一億国民の無私の尽力も、それぞれ最善を尽くしたにもかかわらず、戦局は必ずしも好転していないし、世界の大勢もまた我国に有利をもたらしていない。それどころか、敵は新たに残虐な爆弾（原爆）を使用して、しきりに無実の人々までをも殺傷しており、惨澹たる被害がどこまで及ぶのか全く予測できないまでに至った。

なのにまだ戦争を継続するならば、ついには我が民族の滅亡を招くだけでなく、ひいては人類の文明をも破滅しかねないであろう。このようなことでは、私は一体どうやって多くの愛すべき国民を守り、代々の天皇の御霊に謝罪したら良いというのか。これこそが、私が日本国政府に対し共同宣言を受諾するよう下命するに至った理由なのである。

私は、日本と共に終始東アジア諸国の解放に協力してくれた同盟諸国に対しては遺憾の意を表せざるを得ない。

日本国民であって前線で戦死した者、公務にて殉職した者、戦災に倒れた者、さらにはその遺族の気持ちに想いを寄せると、我が身を引き裂かれる思いである。また戦傷を負ったり、災禍を被って家財職業を失った人々の再起については、私が深く心を痛めているところである。

考えれば、今後日本国の受けるべき苦難はきっと並大抵のことではなかろう。あなたがた国民の本心も私はよく理解している。しかしながら、私は時の巡り合わせに逆らわず、堪えがたくまた忍びがたい思いを乗り越えて、未来永劫のために平和な世界を切り開こうと思うのである。

私は、ここに国としての形を維持し得れば、善良なあなたがた国民の真心を拠り所として、常にあなたがた国民と共に過ごすことができる。もしだれかが感情の高ぶりからむやみやたらに事件を起こしたり、あるいは仲間を陥れたりして互いに時勢の成り行きを混乱させ、そのために進むべき正しい道を誤って世界の国々から信頼を失うようなことは、私が最も強く警戒するところである。
ぜひとも国を挙げて一家の子孫にまで語り伝え、誇るべき自国の不滅を確信し、責任は重くかつ復興への道のりは遠いことを覚悟し、総力を将来の建設に傾け、正しい道を常に忘れずその心を堅持し、誓って国のあるべき姿の真髄を発揚し、世界の流れに遅れを取らぬよう決意しなければならない。あなたがた国民は、これら私の意をよく理解して行動せよ。

傍点で強調した下文こそがアジア解放挫折と、独立を目差して日本軍と共に白人と戦ったインド国民軍などアジア現地人への謝罪の言葉である。

私は、日本と共に終始東アジア諸国の解放に協力してくれた同盟諸国に対しては遺憾の意を表せざるを得ない。

昭和二十年八月十五日の段階で昭和超帝はアジア解放は挫折したと考えていたようである。実際にはそうでなかったのだが。

アジア解放後づけ論を葬り去る

日本共産党が言うとおり、何の脈略もなくこのお言葉が飛び出してきたのであれば、後づけ論は正当化されるかも知れない。しかし、史実はここまでに解説してきたとおりアジア解放は開戦の詔書と同日付で発せられた帝国政府声明のアジア解放宣言に表明されており、開戦目的がアジア解放であったことは明らかである。また、上記「日本軍アジア独立支援年譜」とアジア解放グラフ（安濃ダイアグラム）に見られるとおり、戦争中、日本軍はその占領地の外縁においては、白人国家及びその手先である蔣介石軍と熾烈な戦いを繰り広げながら、占領地内ではアジア独立を実現するため、現地人独立政府と現地軍の育成に邁進していたことも明らかである。

実際、大日本帝国は開戦中の昭和十六年十二月八日から同二十年三月までの四十ヶ月の短期間に、ビルマ、フィリピン、ラオス、カンボジア、ベトナム、自由インド仮政府を独立させ承認している。なんと、七ヶ月に一ヶ国の割合で独立させているのである。家を建てるよりも速い速度で国を独立させているのだ。何の準備も努力もせずに、数百年にわたって白人植民地であった地域をそのような速いペースで独立させるというのは不可能である。

「点と点が線で結ばれる」という言葉がある。大東亜戦争にこの言葉を当てはめると、開始点は「帝国政府声明」であり、終末点は昭和超帝の「終戦の詔書」、そして開始点と終末点を結ぶ、線が「日本軍アジア独立支援年譜」である。

以上の分析は、アジア解放後づけ論を歴史舞台から葬り去る。

核戦争を回避するために終戦とされた

この終戦の詔書にはもう一つの昭和超帝からの重大なるメッセージが含まれている。それは傍線を付した以下の部分である。

「それどころか、敵は新たに残虐な爆弾（原爆）を使用して、しきりに無実の人々までをも殺傷しており、惨澹たる被害がどこまで及ぶのか全く予測できないまでに至った。なのにまだ戦争を継続するならば、ついには我が民族の滅亡を招くだけでなく、ひいては人類の文明をも破滅しかねないであろう。このようなことでは、私は一体どうやって多くの愛すべき国民を守り、代々の天皇の御霊に謝罪したら良いというのか。これこそが、私が日本国政府に対し共同宣言を受諾するよう下命するに至った理由なのである」

要約すれば、陛下は次のように宣べられているのである。

「原爆は極めて残虐な兵器であり、もしも、米国がこのような残虐なる兵器を使用して戦争を継続するならば、日本人のみならず、全人類を滅亡させる。そのような事態を回避するため、日本は不本意ではあるが、降伏の道を選ばざるをえない」

昭和二十年八月六日広島に原爆が落とされ、九日に長崎に原爆が投下された。婦女子を含む二十万人が瞬間的に殺され、焼かれ蒸発させられてた。

昭和超帝はただちに戦争終結を決断され、八月十四日付で終戦の詔書を発し、国民には翌日ラジオ放送を通じて知らされた。詔書で陛下は国内日本軍とアジア全域に布陣する日本軍に対し武器を置くよう命じた。中立条約を破って侵入してきたソ連とは国境地帯で戦闘を開始した直後であった。日本本土と朝鮮半島、台湾、千島列島では未だ地上戦は行われていなかった。

もしも米軍が上陸してきたら、水際で米海軍は特攻兵器の洗礼を受けることになったであろう。当時の海軍特攻戦力は特攻舟艇三千八百隻、各種の特殊潜航艇八百隻、さらに無数の酸素魚雷（射程三十km、積載艦艇が無くなったため大量にあまっていた）を沿岸に隠蔽配置していた。上陸地点の水平線を隙間無く埋め尽くす米艦船に命中させるのは容易である。隙間が無いわけだから、魚雷の航走水深を浅く設定すれば必ず命中する。回避しようとすれば米艦船は互いに衝突し、上陸用艦船は大混乱に陥ったことであろう。上陸作戦そのものを中止せざるを得なくなったかもしれないのである。

さて、上陸に成功したとしても、今度はゲリラ戦に遭遇する。ゲリラ戦についてはベトナムの状況がそのまま再現される。特に山岳地帯に籠った日本兵を全滅させるのは不可能である。太平洋の小島にすぎない沖縄やサイパン、ペリリュー、さらにフィリピンでは終戦が過ぎても日本兵はゲリラ戦を続行していた。ましてや南北三千キロ、七割が山岳地帯の日本列島でゲリラを完全に掃討するなど不可能である。

当時の日本国内における戦闘可能兵員数は陸軍軍人および軍属約三百十五万人、海軍軍人および軍属約百五十万人、特殊警備隊の兵員約二十五万人、国民義勇戦闘隊約二千八百万人で合計三千二百九十万人である。三千万以上の日本版ベトコンに米軍は勝てたであろうか。もしも本土決戦が行われていたなら、少なくとも二百万人のアメリカ兵が日本本土で死傷したであろう。終戦時の日本軍は弱体化し軍隊の体をなしていなかったというのは日本共産党がそのご主人であるソ連を強く見せるために捏ち上げた大嘘である。もしも終戦時の日本軍が弱体であったなら、八月十五日以降に戦われた北千島占守島での優勢なる対ソ戦を説明することはできない。

核兵器の使用に頼った時点で米国は通常兵器による勝利をあきらめた。すなわち、通常戦争における敗北宣言を行ったと見做される。

もしも昭和超帝が停戦を命じなければアジア全域が有色人種と白人の戦闘地域となり、アジアに核戦争という地獄が現出したであろう。なぜなら白人は殖民地維持と有色人種殺しのために核兵器を躊躇うことなく使用したであろうからだ。昭和超帝が現地日本軍に停戦を命じた理由、それは白人の軍事力を恐れたからではなく、東南アジアに核戦争という地獄を出現させないことであった。

さらに、昭和超帝はその終戦の詔書において、日本国民に対し核戦争を防止し、平和を作るために、降伏の屈辱に耐えるよう求め、占領軍への抵抗活動は一切しないように命じた。

核戦争を停止させること、それが殆どの占領地を確保しているにも関わらず、降伏文書調印を命じた陛下の動機である。

ソ連参戦が終戦の原因であり原爆投下が原因ではないとする輩が存在する。これも日本共産党がそのご主人であるソ連を強く見せるために捏ち上げた嘘である。終戦の詔書にもその他の政府の公文書にもソ連軍が参戦したから終戦とするなどという文言はどこにも見いだせない。実際、千島樺太の戦いでも、ソ満国境での戦いでも帝国陸軍は善戦した。敗北したから戦闘を止めたのではない。東京から停戦命令が来たから止めたのだ。また、たとえ千島樺太など失ったところで、米が獲れない領地は本来の大和民族の領土ではありえず、この地を失うのが敗戦の原因とは笑止である。

北千島の小島にすぎない占守島でさえ日本軍に全滅させられそうになったソ連軍が、精鋭旭川第七師団が守る北海道に上陸し占領できるなどという理論はどこから出てくるのか理解不能である。このソ連軍による北海道占領論も日本共産党がそのご主人であるソ連軍を強く見せるために捏ち上げた虚構である。海軍力など無きに等しい旧ソ連に米軍並みの上陸作戦を敢行する力などあろうはずがない。世界最大最強の海軍力を有する米軍ですら諦めた日本本土上陸作戦を旧ソ連軍が容易に実現できるなどという妄想は日本共産党特有のものである。同様に米軍の核投下は戦後の冷戦勃発を見据えたソ連への威嚇であったという論理も日本共産党によるソ連を強く見せつけるための演出である。公開された米国の公文書のどこを探してもソ連への〝当てこすり〟のため原爆を投下したなどという記述は見いだせない。

原爆投下は日本本土上陸作戦を実行した場合の作戦的敗北を見据えた上で、当時日本政府が提案していた和平提案の受け入れを避けるために米軍が放った最後の悪あがきだったのである。

米国人は核爆弾の使用によって大日本帝国を降伏せしめた。これは米国民主主義の勝利であるなどと子供のようにはしゃいでいるが、実のところ、その勝利とは、国際法に違反する兵器である核爆弾を使用するという汚点を、これ以上人類の歴史に残させぬため、あえて陛下が米国に与えた見せ掛けの勝利なのである。

ボクシングの試合で相手がグローブを投げ捨て、銃を持ち出して発砲したから、リング下の陛下がタオルを投げ、試合を中止させたというのが真相である。そうしなければ、観客まで殺してしまうからだ。

原爆投下は米国の歴史に拭いがたい汚点を残しただけではない。

昭和超帝は核戦争を止めるため、まだ負けてもいない戦争を終戦とし、現地日本軍に武装解除に応ずるよう命じた。その結果、満洲および北支に軍事的空白が生じ、武装解除された日本軍の武器を手に入れた共産軍が支那大陸で跋扈することとなった。そしてこの共産軍が昭和二十三年（一九四八）北京に共産党政権を打ち立て、のちに朝鮮戦争、ベトナム戦争の泥沼化へと繋がっていく。もしも米国が大日本帝国が提案していた和平交渉を受け入れ、和睦により戦争を終結させていたなら、満洲・北支における軍事的空白は生ぜず、共産軍が跋屈することも無かったであろう。和平交渉のもとでは日本軍の武器が共産軍に渡ることなどあり得ないからである。原爆投下が支那大陸を共産化した。原爆の使用は広島・長崎市民の命を奪っただけではなく、朝鮮戦争、ベトナム戦争で米国の若者たちの命をも奪ったのである。これを自業自得という。

昭和超帝はオバマ大統領とEUの生みの親である

昭和超帝はアジアを解放したが、その余波はアフリカの独立解放、米国黒人の解放、黒人大統領の誕生までおよんだ。昭和超帝こそは間接的なオバマ大統領生みの親である。結局、昭和超帝は直接間接的に世界から人種差別を無くしたのである。そして、アジア解放戦争終段において、核爆弾が使用されると、敗戦の汚名を着せられる事を厭わず、さらなる核爆弾の使用をやめさせるため、日本国民に降伏の屈辱に耐えるよう命ぜられた。昭和超帝の言葉「核兵器は人類を滅亡させる」は戦後も生き続け、各国指導者は核兵器を戦争に使用することを避けた。昭和超帝は核戦争を止めた最初で最後のお方である。

さらに大東亜戦争という植民地解放戦争の影響はヨーロッパへもおよんだ。殆どすべての植民地を失い経済的にスケールダウンした西欧諸国は経済共同体を結成し、経済の復興を目指した。それが後にEUへと発展する。昭和超帝は日本人と他の有色人種だけでなく、白人までも救った。

第七章　東京裁判史観の破綻どころか勝敗が逆転する

東京裁判史観の破綻

東京裁判史観とは大東亜戦争は東條英機ら被告たちの共同謀議に基づく侵略戦争であって、戦前戦中の大日本帝国のなした各種行為と行動はすべて「悪」であったと断定した歴史観である。さらに、戦前の大日本帝国は軍国主義やファシズムに支配され、民主主義が存在しない国家体制であったと決めつけ、戦前の大日本帝国を全て悪しき国家として断罪する歴史観である。

戦前、大日本帝国によって断罪、弾圧を受けていた日本左翼、すなわち日本共産党にとって、東京裁判史観はその正当性を回復するためには渡りに船であった。ＧＨＱによって保守系の論壇人、学者たちは公職を追放された。その空いたポジションを何を血迷ったのかＧＨＱは共産主義者である日本共産党系の学者論壇人により埋め合わせをした。その結果、戦後の日本歴史学は左翼系の学者に占拠され、マスコミまでも左翼により占拠されてしまい、最後には日教組という教員の労働組合を通して、教育界まで汚染されたのである。

左翼に対して反論すべき保守派知識人は、戦犯として囚われることを恐れ、皆口をつぐんでしまった。以後、我が国は東京裁判史観を礎とする自虐、敗戦、侵略史観に囚われ、国民は〝一億総懺悔〟という、幾度も戦争を繰り返し、戦争馴れした欧米先進国ではあり得ない特異な洗脳状態に置かれた。

東京裁判史観こそが反日自虐史観の元凶であり、これの否定なくして自虐史観からの脱却はあり得ない。

さて、既述の如く開戦目的が〝アジア解放〟であるとしたならば、東京裁判でいう大日本帝国悪玉論はいうまでもなく破綻する。なぜなら、帝国政府声明によって世界にアジア解放を宣言し、それを戦中に実現しているからである。有言実行とはこのことをいう。

大日本帝国は侵略者であるどころか、アジアを、さらに全世界の有色人種を解放した英雄となる。

私が発掘した帝国政府声明は東京裁判の前提である〝大日本帝国悪玉論〟を完全に否定するどころか、次に示すとおりその評価を百八十度転換する。

戦勝国と敗戦国の定義

前項にて帝国政府声明の発掘、日本軍アジア独立支援年譜、昭和超帝の終戦の詔書が直線で結ばれたことにより、大日本帝国は悪玉どころか、数百年にわたる植民地支配という圧政に苦しんで来た世界の有色人種を解放した解放者であったことが判明し、東京裁判は解放者を悪とし、侵略者（白人）を善とするための茶番であることを明らかとした。

帝国政府声明の発掘、日本軍アジア独立支援年譜、昭和超帝の終戦の詔書、残留日本義勇兵による独立支援という一連の流れは、大日本帝国が確たる信念を持ってアジア解放に当たったことの証しであり、この事実は東京裁判の欺瞞性を暴露するわけであるが、ことはそれだけには留まらない。

〝アジアを解放する〟という戦争目的を達成したという事実は、戦勝国と敗戦国という立場を逆転させる

戦争というものは目的があって行使される。それは他国への憎悪であったり、資源財貨の収奪であったり、外交案件の解決であったりする。この辺については、十九世紀ドイツ、正確にはプロイセンの軍学者カール・フォン・クラウゼビッツの著作である『戦争論』の中にある。

クラウゼビッツは〝戦争〟を次のように定義した。

「戦勝国とは戦争によって外交目的を達成した国である」

それでは、クラウゼビッツの理論についてもその正当性を検証しよう。ここでは境界状況を想定してみる。

第一例

もしも、経済的に豊かな隣国Aに併合されることを目的として、隣国に戦争を仕掛けた国Bがあったとし、Bはわざと負けて、降伏文書に調印し目的を達成したとしよう。

このようなケースでは、どちらの国が戦勝国となるのであろうか。

答えはBである、なぜなら外交意思をA国に押しつけることが出来たのはB国だからである。

第二例

もう一つ例を挙げよう。

A国とB国の二国が戦争を始めたとして、A国はB国を戦力で圧倒し、B国は国土の大半を占領され、全面降伏直前まで追い込まれ、B国の抹殺を戦争目的とするA国から降伏勧告を受けていたのだが、その時B国はA国に対し次のような提案を行った。

「全面占領には応じるが、その前に形だけでも戦勝国としてほしい。A国が形式上降伏文書に調印すれば無抵抗で占領に応じる」

そしてA国はその条件を受け入れ、形の上ではB国に対して降伏文書に調印し、その後B国を全面占領し、解体消滅させた。

上記例の場合、A国B国の何れが戦勝国であろうか。A国が戦勝国であることは間違いない。なぜなら戦争目的を達成したのはA国だからである。これら二例を理解すれば降伏文書調印など戦勝戦敗判定には何の意味もないことがお分かりであろう。

米国はベトナム戦争に敗戦した。これは米国も認めていることである。しかし、米国はベトナムに対して降伏文書に調印などしていない。この事実も降伏文書への調印など戦勝判定に関係ないことを示している。上記第二例は降伏文書調印など勝敗には関係ない単なるセレモニーに過ぎないことを語っている。

やはり、カール・フォン・クラウゼビッツの定義である「戦争とは外交の一手段に過ぎない」という概念は論理的に正しい。

ただし、戦勝国という言葉を〝戦争目的達成国〟、敗戦国を〝戦争目的喪失国〟と言い換えれば、クラウゼビッツの定義はより明確化されるであろう。また、次のように言い換えることも出来る。

「戦勝国とはその国家意思を敗戦国に押しつけた国であり、敗戦国とは国家意思を押しつけられた国である」

さらにクラウゼビッツの定義を私なりに拡張すれば、引き分け国という概念も導入しなくては成らない。なぜなら、戦勝国と敗戦国の中間に位置するのが〝引き分け国〟であるからだ。〝引き分け国〟をどのように定義するかといえば、「互いに戦争目的を達成できなかった国」となる。戦争が互いに「無駄な争い」で終わったケースも考慮すべきである。

大日本帝国は白人帝国主義国家に対し「植民地解放」という国家意思を押しつけ、白人国家はその植民地を解放された。植民地解放という国家意思を押しつけれたのは白人列強である以上、敗戦国は植民地を失った英国、オランダ、フランス、米国となる。

大東亜戦争のその結果に於いて真に滑稽な出来事は、所謂〝敗戦国〟である大日本帝国が戦争目的である「アジア解放」を戦闘中のみならず、所謂〝降伏文書調印後〟にも達成してしまったことである。戦後、インド、パキスタン、インドネシア、マレーシア、シンガポール、ブルネイが独立を達成するが、この事実は、所謂〝戦勝国〟の戦争目的であった「植民地維持」が戦勝宣言後であるにもかかわらず喪失したことである。

いったい、どっちが戦勝国なのだろう？　白人戦勝国こそ間抜けで滑稽である。

米英蘭仏は戦争目的を達成していない

ドイツの軍学者カール・フォン・クラウゼビッツが「戦争とは外交目的を達成するための外交手段のひとつである」と定義し、その定義から「戦勝国とは外交目的すなわち戦争目的を達成した国である」という結論が導き出されるわけだが、本項では〝戦争目的の達成如何〟について論じよう。

大日本帝国の戦争目的は本書冒頭で紹介したとおり昭和十六年十二月八日正午過ぎに発表され、各紙夕刊に記載された〝帝国政府声明〟に明記されている。声明文の後半に次のように書かれている。

「而して、今次帝国が南方諸地域に対し、新たに行動を起こすの已むを得ざるに至る、何等その住民に対し敵意を有するものにあらず、只米英の暴政を排除して東亜を明朗本然の姿に復し、相携えて共栄の楽を分かたんと祈念するに外ならず、帝国は之等住民が、我が真意を諒解し、帝国と共に、東亜の新天地に新たなる発足を期すべきを信じて疑わざるものなり」
「米英の暴政を排除して東亜を明朗本然の姿に復し、相携えて共栄の楽を分かたんと祈念する」とは、「米英を駆逐し植民地になる前のアジア、すなわち独立したアジアへ戻し、大東亜共栄圏を構築する」という意味である。これが大日本帝国の戦争目的であった。

一方米国の戦争目的は、パールハーバー攻撃の翌日、ルーズベルト大統領が議会で行った演説に示されている。

それによると米国の戦争目的は

一）米国領土の保全

二）極東からの軍事的脅威の恒久的排除

以上二点である。

次に日米双方、どちらが戦争目的を達成したかについて検討しよう。

大日本帝国は昭和十八年八月一日のビルマ国の独立承認を切っ掛けに、フィリピン、自由インド仮政府、ラオス、カンボジア、ベトナムを独立承認した、そして戦後は、現地残留日本義勇兵と現地独立軍がインドネシアとベトナムの完全独立を達成した。戦争中に白人領土であったアジア諸国はその殆どが独立を達成し、明朗本然の姿に復した。そして、日本からの膨大な経済技術援助を得て、今や世界経済の中心となっている。大東亜共栄圏が実現したのである。大日本帝国の戦争目的は戦中から戦後にかけて達成された。

米国の戦争目的はどうであろう。米国はフィリピンを失った。それ故、ルーズベルトが目差した戦争目的の一項目は喪失した。米国領土の保全はならなかったのである。二項目についてはどうであろう。大日本帝国からの軍事的脅威は消滅したが、その代償として、極東ロシアからの核ミサイルの驚異に脅えることとなった。さらに満洲と朝鮮を日本から切り離し、共産軍に引き渡した結果、蔣介石軍の台湾逃亡、朝鮮戦争、ベトナム戦争が勃発し、米国は大きな損害を被り、威信を失墜させた。今では支那どころか北朝鮮からの核ミサイルの驚異にも曝されている。サッカーの試合ではこれをオウンゴールと呼ぶ。間抜けという意味である。

日本軍に進攻された英蘭仏の戦争目的は当然のことながら、植民地の防衛であったから、その目的をことごとく喪失した。それゆえ、英蘭仏は紛れもない敗戦国である。

以上、戦争目的の達成如何を検討すれば、戦争目的を達成したのは大日本帝国であって、米英蘭仏ではない。よって戦勝国は大日本帝国であると決定される。

日本軍はアジアを解放したことにより戦争目的を達成した戦勝国と認定される。この歴史観を戦勝解放史観と名づける。

昭和超帝と東條英機は有色人種解放の英雄

大東亜戦争が大アジア解放戦争の前半であり、それによって世界の有色人種は白人優越主義から解放されたわけだが、それではその戦争の立て役者でありながら、戦犯として処刑された東條英機元首相の評価はどうすればよいのであろうか。東條英機を悪人と決めつけたのはいわゆる〝戦勝白人〟である。白人にすれば東條のせいで虎の子の植民地を奪われ、弱小国家に転落したわけだから、恨み骨髄というわけである。

白人にとって東條は極悪人となるが、一方、世界の有色人種にとって東條は解放の恩人である。支那が東條を目の敵にしているわけ、それは有色人種解放の英雄である東條を貶めなくては、白人の犬となって有色人種解放を妨害していた自分たちの立つ瀬が無くなるからである。支那が靖国神社を目の敵にしている理由も、靖国神社に眠る英霊たちはアジア解放の殉教者であり、靖国を貶めなくては白人の太鼓持ちをしていた自分たちが惨めとなるからである。

東條英機は白人にとっては植民地を奪った悪魔ではあるが、有色人種にとっては解放独立の神様である。昭和超帝による開戦のご英断と東條の確固たるアジア解放遂行意志がなければ、人種平等は実現しなかった。ネルソン・マンデラもキング牧師の努力も徒労に終わったということだ。現在、人種差別も植民地主義も人類の歴史の中で最も醜悪な過去であると国連は認めている。そうであるならば、国連は人種差別と植民地主義を人類の歴史から一掃した東條英機こそを有色人種の英雄として名誉を回復しなくてはならない。だいいち、二百余りの国連加盟国のほとんどは東條が発動した大東亜戦争の結果誕生した国々である。

国連生みの親はコーデル・ハルであるといわれている。コーデル・ハルとは米国国務長官で、大日本帝国に、いわゆる〝ハルノート〟という宣戦布告文を突きつけ大東亜戦争開戦の基本原因を作った前歴を持つ人物である。開戦原因を自ら作っておいて、世界平和のために国連を開設したとは、ドロボーが防犯条例を作ったような話で説得力に欠ける。

アジア解放グラフに示されたようにアジア・アフリカ各国を独立させ国連を作ったのはコーデル・ハルではなくて昭和超帝と東條英機なのだ。国連は速やかに東條英機の名誉を回復し、遺族に感謝状を贈るべきである。

昭和超帝と東條英機が遂行した日本正規軍アジア独立支援行動（大東亜戦争）は全世界の有色人種をアジア解放グラフ（安濃ダイアグラム）が証明するように白人による差別から解放した。これが歴史的事実である。

あとがき

「歴史は勝者が作る」という言葉が大手を振ってまかり通ってきた。勝てば官軍であり歴史の改竄は戦勝国の当然の権利であるかのように見做されてきた。しかし、人類にとってこれほどの不幸は他に存在しない。人類にとって歴史とは家系図のごとき系譜であり、その足跡である。歪められた歴史は歪められた未来しか生み出さない。

一例を挙げよう。

ベトナム戦争の発端は大東亜戦争末期に日本軍から与えられたベトナム帝国の独立にあった。ベトナムはその独立を維持するためにフランス軍、アメリカ軍と戦った。アメリカはベトナムが民族自決、独立のために戦っていることを認めなかった。それを認めると大東亜戦争まで植民地解放戦争であったと認め、自ら東京裁判を否定することになるからだ。そこで、アメリカは共産主義との戦いであると戦争目的をすり替えた。その結果、戦争は長引き、多くのアメリカ青年が命を落とした。アメリカが最初から民族独立戦争であると規定していれば、介入などしなかったであろう。なぜなら、英国からの独立と南北統一戦争で苦しんだのはアメリカそのものであるからだ。これは東京裁判という歴史捏造が孫子の代に災禍をもたらしたよい例である。米国は自ら捏造した東京裁判史観に呪縛され、その歴史観を正当化するため朝鮮戦争、ベトナム戦争などで多くの若者を死へと追いやった。東京裁判史観の破却は米国のためにも必要とされているのである。歴史のねじ曲げは必ず未来にツケを回すことになる。

歴史捏造を防ぐ方法はないものであろうか。そこで著者が発案導入したものが数理歴史学である。歴史を科学的手法で処理することにより情緒主義や政治解釈は淘汰される。

本書冒頭で紹介した数理歴史学とアジア解放グラフはものの見事に大東亜戦争がアジア解放戦争であったことを証明する。数理歴史学は本書において人類史上初めて創設され、ここに使用された。これも大東亜戦争が我々に与えてくれた大きな果実である。数理歴史学がさらに発展すれば「勝者による歴史捏造」は破綻する。人類は歴史捏造という悪弊から解放されるということである。

アジアの解放はアフリカの解放へ発展し、アフリカの解放はアメリカ黒人の解放運動へと昇華した。その結果生まれたのがオバマ大統領である。また欧米植民地の喪失は欧米に経済共同体の発足を促した。それが現在のＥＵである。

昭和超帝と大日本帝国が発動した大東亜戦争は二十世紀後半以降の人類の歴史を大きく変えた。その影響が大きければ大きいほど捏造は許されない。人類の未来に大きな禍根を残すことになるからだ。

大東亜戦争の評価を正常化しなくては人類はその先へは進めない。人類を平等化するための戦争がただのこそ泥戦争であったなどという評価は人類の尊厳を著しく損なうものであるからだ。

ここに著者の先祖について紹介させていただく。

著者の先祖が安濃宿禰であると知ったのは昨年（平成二十八年）十二月一日である。ちょうど私の誕生日である十二月八日の一週間前であった。著者は真珠湾攻撃の日からちょうど十年後に時刻まで一致してこの世に生を受けた。

安濃宿禰は私が生を受ける二千年前、第十一代垂仁天皇の片腕、伊勢国安濃郡県造として伊勢神宮の基盤作り、すなわち古神道形成に関わったお方である。相撲の神様と言われる野間宿禰と同時期に活躍した人である。

日本神道は白人キリスト教徒により隷属支配されていたイスラム教徒、ヒンズー教徒、仏教徒を大東亜戦争を発動することにより解放し、人類に平等をもたらした。この事実は「神道こそは世界最強信仰であること」を明確に示している。安濃宿禰は末裔である著者に神道の素晴らしさを世に伝えよと命じられているのである。

「十宗共立」を提案したい

さて、この〝あとがき〟を書き終えようとしていたら、とんでもないニュースが飛び込んできた。

人種の坩堝と言われる米国で、南北戦争時に南軍の指導者であり奴隷制度を支持していたリー将軍の銅像撤去をめぐり白人至上主義者と人種平等主義者の間に衝突が発生したというのだ。南部バージニア州での出来事だという。一昔前であれば、反対派が虐殺されて、結局何もなかったことにされていたことであろう。白人至上主義者も弱くなったものである。

この騒動はさらに、アメリカ大陸の発見者ではあるが、発見と同時に原住民を虐殺したコロンブスの銅像撤去の動きにまで発展しているという。このままでは米国は再び分裂し、人種騒乱の渦中に飛び込んでいくのではないかと危惧されている。

米国大統領は人種間の融和と団結を訴えていると聞いた。しかし待てよ、その言葉はどこかで聞いた言葉ではないだろうか。その融和と団結とは取りも直さず、大日本帝国の国是であった「五族共和」であり、「八紘一宇」ではないのか。

米国に人種平等をもたらしたのは大東亜戦争であることは前述したとおりである。その戦争において白人至上主義者たちは核兵器まで使用して人種差別撤廃を封じ込めようとした。その白人至上主義がいま米国において終焉を迎えようとしている。そして大日本帝国の国是であった理念を導入しなくては、国家が存立し得ない場面に米国は立ち至っている。これを歴史の皮肉と言わずして何と言えば良いのであろう。

米国には新たな理念として「十宗共立」が必要である。ここで著者は「十宗共立」という新たな理念を提唱する。十の宗派とはキリスト教四宗派、イスラム教二宗派、ヒンズー教、シーク教、仏教、ユダヤ教のことである。「五族共和」と「八紘一宇」の他に宗教対立を根絶する理念である「十宗共立」が必要である。日本においては国家神道という自然信仰の元「十宗共立」はすでに確立され、それが可能であることが証明されている。

米国が国家神道の基本理念たる「五族共和」、「八紘一宇」、「十宗共立」に頼らざるを得ないという現実こそが大東亜戦争の正当性を証明しているのである。

最後に付け加えたいことがある。

アジアの解放は日本人と当時日本人であった台湾の人々との共同作業で実現した。本書を書くきっかけとなったのは三十年以上も前に私が米国陸軍の研究所で老台湾人科学者に出会ったことである。アジア解放という歴史的偉業は日本と台湾が共有し、双方の歴史財産としなくてはならない。

今回の出版にあたってその機会を与えてくださった展転社と小林偉郎御夫妻（埼玉県在住）、長年支えてくださったラヂオノスタルジアの視聴者と歴史研究集団「札幌学派」の諸君に対し感謝の意を捧げる。

本書が誤った歴史観から人類、を救う一助となることを願うばかりである。

安濃豊（あんの　ゆたか）

昭和26年12月8日札幌生れ。北海道大学農学部農業工学科卒業。

農学博士（昭和61年、北大農学部より学位授与、博士論文はSNOWDRIFT MODELING AND ITS APPLICATION TO AGRICULTURE「農業施設の防雪風洞模型実験」）。

総理府（現内閣府）技官として北海道開発庁（現国土交通省）に任官。

昭和60年、米国陸軍寒地理工学研究所研究員、ニューハンプシャー州立大学土木工学科研究員。平成元年、アイオワ州立大学（Ames）航空宇宙工学科客員研究員（研究テーマは「火星表面における砂嵐の研究」）、米国土木工学会吹雪研究委員会委員。平成6年、NPO法人宗谷海峡に橋を架ける会代表。平成12年、ラヂオノスタルジア代表取締役、評論家、雪氷学者、ラジオパーソナリティー。

著作英文学術論文20本、和文学術論文5本、小説単行本2冊、雑誌北方文芸2編。

大東亜戦争の開戦目的は植民地解放だった
帝国政府声明の発掘

平成二十九年十月二十日　第一刷発行
平成二十九年十一月二十日　第三刷発行

著　者　安濃　豊
発行人　藤本　隆之
発　行　展　転　社

〒101-0051　東京都千代田区神田神保町2-46-402
TEL　〇三（五三一四）九四七〇
FAX　〇三（五三一四）九四八〇
振替〇〇一四〇—六—七九九九二

印刷　萩原印刷

定価［本体＋税］はカバーに表示してあります。

ISBN978-4-88656-447-4

てんでんBOOKS
[表示価格は本体価格(税抜)です]

日本近現代史の真実　土屋たかゆき
●捏造された歴史に基づく、いわれなき日本非難に対する正当な回答・反論を、問答形式でわかりやすく説明。　1500円

特攻魂のままに　大野俊康
●靖國神社遊就館の特別展「学徒出陣五十年展」が今蘇る。大野俊康靖國神社宮司(第七代)が伝えたい「靖國のこころ」。　1500円

皇虐史観から脱却して誇り高き日本へ　桑木崇秀
●軍医としてインパール作戦に参加した著者が若き友らにどうしても書き残して置きたいこと。　1200円

大東亜戦争と現在の日本　藤本一孝
●本土決戦の特攻隊要員として待機。終戦を北朝鮮の地で迎え、ソ連に抑留された著者が、あの「戦争」を検証。　1800円

祖父母たちの大東亜戦争　科野文洋
●戦後教育の迷妄から目覚めた二十六歳の青年が、先人の汚名を晴らさんと挑んだ「日本の正しい歴史」。　2000円

大東亜戦争秘録　杉田幸三
●「アメリカ＝善、日本＝悪」の図式で決して見えてこない真実が、「敗者の記録」全51篇を通して見えてくる。　1600円

アジアに生きる大東亜戦争　ASEANセンター編
●東南アジア各国を取材して現地人の本音を探り、日本人必見の遺産を掘り起こす。日本人の発想転換を促す共同討議。　1800円

大東亜戦争への道　中村粲
●開戦に至る道程を明治の始めから巨視的かつ克明に辿り、歴史の真相を解明する大東亜戦争論の決定版。　3800円